기독교문서선교회 (Christian Literature Center: 약칭 CLC)는 1941년 영국 콜체스터에서 켄 아담스에 의해 시작되었으며 국제 본부는 미국 필라델피아에 있습니다.
국제 CLC는 약 650여 명의 선교사들이 59개 나라에서 180개의 서점을 운영하며 이동 도서 차량 40대를 이용하여 문서 보급에 힘쓰고 있으며 이메일 주문을 통해 130여 국으로 책을 공급하고 있는 국제적 문서선교 기관입니다.

누가복음, 눈 그리고 마음으로 읽기

Reading the Gospel of Luke with eyes and heart
Written by InSeong Wang
All rights reserved.
Korean Edition Copyright © 2025 by Christian Literature Center, Seoul, Korea.

누가복음, 눈 그리고 마음으로 읽기

2025년 2월 25일 초판 발행

지 은 이 | 왕인성

편　　집 | 추미현
디 자 인 | 소신애, 서민정
펴 낸 곳 | (사)기독교문서선교회
등　　록 | 제16-25호(1980.1.18.)
주　　소 | 서울특별시 동대문구 천호대로71길 39
전　　화 | 02-586-8761~3(본사) 031-942-8761(영업부)
팩　　스 | 02-523-0131(본사) 031-942-8763(영업부)
이 메 일 | clckor@gmail.com
홈페이지 | www.clcbook.com
송금계좌 | 기업은행 073-000308-04-020　(사)기독교문서선교회
일련번호 | 2025-16

ISBN 978-89-341-2788-8 (03230)

이 한국어판 출판권은 (사)기독교문서선교회가 소유합니다.
신저작권법에 의하여 한국 내에서 보호를 받는 저작물이므로 무단 전재와 무단 복제를 금합니다.

누가복음 시리즈 ⑨

누가복음,

눈 그리고 마음으로 읽기

왕인성 지음

CLC

목차

제1장 사람의 생각을 초월하여 일하시는 하나님 (눅 1장)   6

제2장 우리에게 큰 기쁨과 평강 주시기를 기뻐하시는 하나님 (눅 2장)   18

제3장 구체적 회개가 여는 예수님이 오시는 길 (눅 3장)   30

제4장 하나님과 우리 사이의 단절이 주 목적인 사탄의 시험 (눅 4장)   39

제5장 자격 없는 자를 부르셔서 주의 일꾼 되게 하시는 예수님 (눅 5장)   49

제6장 우리의 안식과 동역을 기뻐하시는 예수님 (눅 6장)   59

제7장 우리 눈을 열어 생명을 보게 하시는 예수님 (눅 7장)   70

제8장 들을 자를 찾으시는 예수님 (눅 8장)   80

제9장 우리의 헌신을 요구하실 자격이 충분하신 주님 (눅 9장)   91

제10장 구원 받은 기쁨의 눈으로 보게 하시는 하나님 (눅 10장)   106

제11장 구하는 자에게 성령을 주시는 하나님 (눅 11장)   116

제12장 죽음을 넘어 만유의 주가 되시는 하나님 (눅 12장)   126

제13장 우리의 회개를 기다려주시는 주님(눅 13장)   136

제14장 자기를 낮추는 자를 기뻐하시는 주님(눅 14장)   147

제15장 잃은 자를 반드시 찾아내어 구원하시는 주님(눅 15장)   157

제16장 재물에 대한 지혜를 주시는 주님(눅 16장)   167

제17장 감사로 기억되길 기뻐하시는 예수님(눅 17장)   175

제18장 겸손하며 낙심치 않고 쉬지 않는 기도를 들으시는 주님(눅 18장)   185

제19장 우리의 인생을 결산하실 하나님(눅 19장)   195

제20장 하나님의 권위로 일하시는 예수님(눅 20장)   204

제21장 주의 재림을 깨어 준비케 하시는 주님(눅 21장)   216

제22장 아버지의 원대로 모든 것에 순복하시는 예수님(눅 22장)   225

제23장 자기 영혼을 아버지 손에 의탁하신 예수님(눅 23장)   235

제24장 우리 마음을 뜨겁게 하시는 부활의 주님(눅 24장)   245

제1장

사람의 생각을 초월하여 일하시는 하나님(눅 1장)

🔍 미리 보는 1장 메시지

- 예수님에 대한 소식은 신뢰할 만한 증언과 증거로 전달된 확실한 팩트다.
- 하나님은 예상 밖의 사람, 이름 없는 의인을 사용하신다.
- 하나님은 그분의 뜻에 대해 이유를 묻기보다 어떻게 순종할까를 고민하는 사람을 기뻐하신다.
- 하나님은 교만한 권세 있는 자를 내치시며 겸손한 낮은 자를 높이신다.

1 예수님에 대한 소식은 신뢰할 만한 증언과 증거로 전달된 확실한 팩트다(1:1-4)

🖋 눈으로 읽는 본문

고대 문헌은 책의 맨 앞에 짧은 머리말을 두어 그 책이 헌정되는 사람과 책을 쓴 이유를 제시하는 경향이 있었다. 고대 시대의 책은 두루마리 형태로 되어 한 번에 펼치기가 어려운 까닭에 책의 방향을 간략히 소개하는 머리말이 전체 내용을 이해하는 데 도움을 주었다.[1]

---

[1] 조엘 그린, 『누가복음』, 강대훈 옮김 (서울: 부흥과개혁사, 2020), 71.

누가복음도 그 양식에 따라 머리말에 책이 기록된 목적을 적고 있으며 특히 데오빌로 각하라는 인물을 등장시킨다. '각하'라는 칭호가 말하듯 로마인으로 직위가 높은 관료였을 데오빌로는 누가복음뿐만 아니라 누가복음의 자매 편인 사도행전의 수신자로도 언급된다.

데오빌로가 그리스도인인지 단지 기독교에 호감을 가진 인물인지 불명확하나, 가는 자기가 차근차근 수집한 증거를 토대로 '데오빌로가 복음에 대해 알고 있는 바를 더 확실히 알게 하려고 한다'고 밝힌다.

누가는 먼저 예수님에 대한 생생한 경험을 전달해 준 목격자들의 증언과 그 증언을 후세에 전달하기 위해 말씀의 일꾼 된 자들이 남겨 놓은 자료들을 상세히 검토하고 또 검토했다. 진리에 거짓이 들어가서는 안 되기 때문이다.

♥ 마음으로 읽는 본문

데오빌로라는 인물은 교회와 접촉하고 있으나, 교회 문화에 익숙지 않은 사람들의 대명사다. 누가는 이러한 사람들을 위하여 그들이 쉽게 복음에 접근하도록 많은 노력을 기울였다고 말한다. 기독교에 익숙지 않은 사람들이 TV의 기독교 방송에 나오는 설교를 들으면 분명 한국말인데도 외국어 심지어 외계어처럼 들린다는 웃지 못할 이야기를 들은 적이 있다. 우리만의 교회 문화가 세상과 벽을 쌓아 버린 것이다.

전도가 우리의 가장 중요한 사명이라면 교회의 낯설게 느껴지는 문화에 대해 아직 믿지 않는 사람들의 삶의 용어로 복음을 풀어야 할 숙제와 고민은 계속되어야 한다. 사람들이 예수님에 대해 낯설어하면서도 호기심을 갖고 예수님을 찾았던 것은 예수님이 그들의 필요와 가장 근원적인 고민을 터치하셨기 때문일 것이다.

또한, 데오빌로가 수신자로 언급되었을지라도 누가복음을 읽을 주 대상자는 그리스도인이라는 사실은 변하지 않는다. 그들 모두 주님을 직접 만나 뵌 적은 없으나 보지 않고도 다른 사람들의 증언만으로도 복음을 믿었던 1세기 그리스도인의 상황은 우리와 크게 다르지 않다. 오히려 초기 그리스도인들은 우리보다 훨씬 더 적은 자료를 갖고 있었다. 특히, 누가복음을 처음 접한 독자들은 신약성경 중 오직 누가복음만을 읽었을 수도 있다.

우리처럼 27권의 정경으로 확정된 신약성경을 갖게 된 것은 397년 카르타고 종교회의 이후의 일이었고, 초기 그리스도인들은 예를 들면, 우리나라에 복음이 처음 들어오던 시기의 쪽 복음처럼 자기들 손에 들어온 마태복음, 갈라디아서 등과 같은 한 권 혹은 단지 몇 권만을 접할 수 있었기 때문이다. 그런데도 초기 그리스도인들은 예수님에 대해 전해지는 이야기와 몇몇 문서만으로도 직접 주님을 뵌 적이 없음에도 온갖 박해 속에서도 신앙을 지키며 기꺼이 자기의 생명을 주님을 위해 내어놓았다.

사도행전 4장의 상황은 위협과 핍박에 놓였던 누가의 교회 상황을 반영한 것일 수 있다. 유대 종교 지도자들이 예수님의 부활을 선포하고 다니던 베드로와 요한을 불러 경고하기를 '예수의 이름으로 말하지도, 가르치지도 말라'고 위협했을 때 베드로와 요한은 담대히 대답했다(행 4:13-22).

> … 하나님 앞에서 너희의 말을 듣는 것이 하나님의 말씀을 듣는 것보다 옳은가 판단하라(행 4:19).

누가가 이미 수십 년 전에 발생했을 이 사건을 기록으로 남겨 놓은 것은 누가의 교회가 복음을 전한다는 이유로 이러한 위협과 협박에 놓인 상황을 염두에 둔 것일 수 있기 때문이다.

상대적으로 우리보다 훨씬 적은 복음을 접했던 초기 그리스도인들의 생명을 건 신앙과 그들보다 예수님에 관한 더 많고 온전한 증거를 갖고 있음에도 한낱 액세서리가 되어가는 우리 신앙과의 결정적인 차이는 어디에서 비롯된 것일까?

2 하나님은 예상 밖의 사람, 이름 없는 의인을 사용하신다(1:5-25)

눈으로 읽는 본문

헤롯이 유대 땅을 다스리던 시절, 가브리엘 천사가 제사장 24 반열 중 아비야 계열(참조. 대상 24:7-18)의 제사장이었던 사가랴를 찾아온다. 사가랴라는 이름은 '여호와가 기억하셨다'라는 뜻이 있다. 복음서 전체에 걸쳐 자신을 구원할 능력도 자격도 없는 자들을 돌아보시는 하나님이 적극적으로 묘사되는 누가복음의 시작과 잘 어울리는 이름이다.

사가랴와 그의 부인 엘리사벳은 하나님 앞에 의인이었고 모든 계명과 규례에 흠이 없었지만, 불임으로 고통당하고 있었다. 고대 세계에서 불행은 죄의 결과라고 생각하는 이들이 많았으나, 성경은 어떤 고통은 죄와 관련이 없으며 의로운 자도 고통을 당할 수 있다는 것을 알게 한다. 그러나 사가랴와 엘리사벳이 불임이라는 슬픈 상황에서도 그 신실함과 의로움을 잃지 않았을 때 하나님은 가장 정확한 시점에 그 부부를 들어 쓰셨다.

당시 유대 땅에는 약 18,000명에 달하는 제사장이 있었고, 그들은 제비뽑기로 순번을 정하여 일 년에 두 차례 봉직했으며, 특히 분향하는 일은 제사장의 업무 중 가장 존귀한 것으로 일생의 영광이었다. 제비에 뽑힌 사가랴가 분향하는 시간에 가브리엘이 찾아와서 말한다.

"너의 간구함이 하나님께 들렸고 아내가 잉태하게 되리라."

하나님은 우리의 기도와 마음의 소리를 들으시는 분이다. 물론, 사가랴의 간구는 자녀에 국한되지 않았고, 나아가 로마의 압제에 신음하던 이스라엘의 구원을 포함했을 것이다. 나라를 위한 그의 기도가 사가랴를 이스라엘을 대표하여 분향하며 기도하는 자리로 인도했을 것이다.[2]

그러나 가브리엘이 정작 그에게 아들인 세례 요한의 탄생을 알렸을 때 사가랴는 자기와 아내가 늙었다는 이유로 믿지 못했다. 그리고 표적을 구했다.

"내가 어떻게 이 일을 알리요?"

기도는 하되 하나님의 능력은 믿지 못하는 행동이었다. 결국, 가브리엘은 사가랴에게 요한의 출생 때까지 말하지 못하는 징벌적 표징을 내린다. 말을 못 하게 된 사가랴는 분향 후 제사장으로서의 영예인 백성을 축복하는 마지막 절차까지도 행하지 못 하게 된다.

♥ 마음으로 읽는 본문

인정하고 싶지 않지만, 현실 속 믿음의 사람들에게도 고통이 있다. 하나님은 때로 그 고통을 통해서 우리의 시선을 하나님께 모으고 우리가 기꺼이 하나님의 뜻에 순종할 수 있는 때와 자세를 준비시키신다.[3] 그리고 그 고통은 종종 우리에게 수치를 안겨 주기도 하지만, 하나님은 궁극적으로 우리의 수치를 벗겨 주신다.

사가랴와 엘리사벳 부부에게는 불임이 고통이었으나, 세례 요한의 잉태로 수치를 벗겨 주신 것처럼 하나님은 우리에게 가장 선하고 유익한 방법으로 우리의 수치를 벗겨 주신다.

---

2 대럴 벅, 『누가복음 1』, 신지철 옮김 (서울: 부흥과개혁사, 2018), 131-139.
3 윤철원, 『누가복음서 다시 읽기』 (서울: 이레서원, 2001), 25.

그리하여 하나님은 신실한 자들을 잊지 않고 반드시 돌아보신다. 하지만, 경건과 의심은 별개다.

"하나님은 인간이 하나님의 계획을 받아들일 것을 기대하시지만, 그 계획의 이행을 위해 인간에게 의지하지 않으신다."[4]

사가랴의 의심에도 불구하고, 하나님은 구원 계획을 진행하신다. 엘리사벳이 잉태한 것이다.

한편, 자매편 사도행전을 기록한 누가는 사가랴의 기도와 사도행전의 한 사건을 대비시켜 우리 기도의 자세를 꼬집는다. 베드로가 감옥에 갇혔을 때 제자들은 두려움 속에 문을 걸어 잠그고 간절히 베드로의 석방을 기도했다. 하나님은 천사를 보내어 베드로의 사슬이 풀리게 하셨고, 감옥에서 놓임 받은 베드로가 제자들이 숨어 기도하는 곳으로 왔다.

그가 문을 두드리자, 하녀인 로데가 나가서 보더니 크게 놀라며 베드로라 하였으나 모두는 로데 더러 미쳤다고 하였다(행 12:1-19). 기도는 했으나 하나님의 능력과 응답은 믿지 않은 것이다.

오랜 가뭄에 온 마을이 나서서 기도 하기 위해 모였지만, 기도 후에 비 올 것을 대비해 우산을 들고 온 소녀를 마을 사람들이 쨍쨍한 하늘에 우산을 가져왔다고 비웃었다는 오랜 우화는 지금도 우리를 향한다.

---

[4] 데이비드 E. 갈런드, 『강해로 푸는 누가복음』, 정옥배 옮김 (서울: 디모데출판사, 2018), 79.

3 하나님은 그분의 뜻에 대해 이유를 묻기보다 어떻게 순종할지를 고민하는 사람을 기뻐하신다(1:26-45)

🍃 눈으로 읽는 본문

천사 가브리엘이 이번에는 갈릴리 나사렛 동네의 한 처녀인 마리아를 찾아간다. 역사에 관심이 많았던 누가는 황제와 권력자들의 이름으로 예수님과 관련한 시대의 역사적 시점을 가늠케 하지만, 정작 하나님은 그들이 아닌 배경이 전혀 언급되지 않는 한 처녀를 통해 하나님의 가장 중요한 사역을 펼치신다. 사가랴만 해도 비록 미미할지라도 제사장 가문이라고 밝혀지나 마리아의 집안은 전혀 알려진 바가 없다.

자녀를 구하는 기도를 하고 있으면서도 정작 아들을 낳으리라는 하나님의 응답과 가브리엘의 예언에도 의심으로 반응했던 사가랴와 달리 처녀였던 마리아는 가브리엘 천사가 "주께서 너와 함께하시며 지극히 높으신 분, 곧 하나님의 아들을 낳게 되리라"는 수태고지에 "나는 남자를 알지 못한데 어찌 이 일이 있으리이까"라고 묻는다. 마리아의 대답은 순종을 전제하되, 자신의 머리로는 이해할 수 없는 상황이기에 그 가능성을 물은 것이다.

❤ 마음으로 읽는 본문

무대 배경이 권력자들의 영역인 로마와 예루살렘과 성전에서 비천한 자의 대표 격인 한 시골 마을로 바뀐다. '하나님의 행동의 목적은 장소가 아니라 사람이다.'[5] 하나님은 스펙이나 배경이 아닌 사람, 특히 하나님께

---

5 데이비드 E. 갈런드, 『강해로 푸는 누가복음』, 85.

기꺼이 순종할 사람을 찾으신다.

일하기 싫은 리더는 그 일을 피할 핑계와 구실을 찾아 '무엇'(what)과 '왜'(why)로 반응하고, 좋은 리더는 문제 해결의 방법을 적극적으로 구하는 '어떻게'(how)에 집중한다고 했다. 마리아의 대답은 '하나님의 계획은 반드시 성취될 것으로 믿고 하나님의 계획에 적극적으로 동참하겠다고 결단하는 좋은 순종자의 모델'이 된다.

우리는 하나님이 사명을 주실 때, 어떻게 반응하는가?
하기 싫은 마음으로 '왜 하필 나입니까'라고 묻는가?
아니면 순종하는 마음으로 '제가 어떻게 하면 될까요'라고 묻는가?
나는 어느 반응에 익숙한가?

가브리엘이 하나님의 모든 말씀은 능하지 못하심이 없다는 말로 하나님의 능력과 의지를 한 번 더 확인시켜 주자, 마리아는 "주의 여종이오니 말씀대로 내게 이루어지이다"라고 말하며 자신을 온전히 주님께 내어드린다. 연로한 제사장이었던 사가랴는 표적을 구했으나, 어린 마리아는 하나님의 뜻을 온전히 받아들였다. 마리아의 순종은 말씀을 이리저리 재어 보는 데는 익숙하나 그 말씀에 온전히 자신을 맡긴 경험이 가물가물한 우리의 믿음에 경종을 울린다.

그러나 하나님의 천사는 전할 말을 마치고는 곧장 떠나버린다. 하나님의 은혜를 입은 자에게 특별한 보호가 주어지고 천사가 일생을 통해 동행하며 순간순간 삶의 방향을 지시해 주고 보장이 약속된 예언이 주어진다면 참으로 좋으련만 마리아에게 주어진 것은 고작 말뿐이었다.[6]

---

6   데이비드 E. 갈런드, 『강해로 푸는 누가복음』, 91.

한 번의 소명만으로도 그 소명을 평생 붙들었던 마리아와 매 순간 '길을 보여 주옵소서' 하며 주님께 매달리는 우리 믿음의 차이는 어디에서 비롯된 것일까?

천사의 수태고지를 들은 마리아는 서둘러 엘리사벳을 방문한다. 아마도 마리아보다는 몇십 년 나이가 더 들었을 것임에도 하나님의 놀라운 계획에 자신이 참여하고 있다는 사실을 감격해하는 엘리사벳은 마리아에게 겸비한 종의 모습을 보여 준다.

"내 주의 어머니가 내게 나아오니 이 어찌 된 일인가!"

예수님의 우월성과 자신보다 훨씬 어린 마리아를 높여 표현한 것이다. 사람은 다른 사람들과 견주는 비교에 익숙하다.

다른 사람의 사역과 비교하는 것이 아닌, 내가 하나님의 일에 참여할 기회가 있다는 사실만으로도 기뻐할 수 있는 믿음이 우리에게 있는가?

4 하나님은 교만한 권세 있는 자를 내치시며 겸손한 낮은 자를 높이신다
(1:46-80)

눈으로 읽는 본문

마리아는 천사의 계시를 받고 하나님의 행하시는 위대한 일에 대해 성령을 따라 찬송한다. 이른바 마리아 찬가로 알려진 그 노래는 균형 잡힌 두 개의 모티브를 기반으로 한다. 하나는 용사로서의 하나님이 교만한 자를 흩으시며, 권세 있는 자를 내리치며 부자를 빈손으로 보내시는 모티브이고, 동시에 하나님은 자비로우신 분으로 비천한 자를 긍휼을 베풀어 높이시는 모티브다. 이 두 이미지는 사람들이 장차 바뀌게 될 운명이라는

주제에서 서로 보완하고 결합한다.[7]

마침내 가브리엘이 이른 대로 세례 요한이 태어난다. 사가랴와 엘리사벳 부부는 이제 가브리엘이 명한 아이의 이름을 짓는 일에도 순복한다. 하나님은 익숙함을 따르기보다 하나님의 뜻을 우선할 때 길을 열어 주신다. 주변 사람들은 전통과 관습대로 가문의 이름을 따라 짓는 것이 옳다고 했으나, 사가랴는 아이의 작명을 요구하는 이들에게 석판에 '요한'이라고 적음으로써 이제 사람들의 생각이 아니라 온전히 하나님의 뜻을 따른다. 그 순간 입이 열리고 혀가 풀리며 하나님을 찬송하게 되었다.

♥ 마음으로 읽는 본문

우리 시대의 모든 가치가 돈과 권력에 몰려 있고 사람들은 그것들을 손에 쥐기 위해 혈안이 되어 있다. 그러나 하나님은 약자를 돌보고 섬기기보다는 힘을 행사하는 데만 관심이 있는 교만하고 권세 있는 자들을 내리치신다. 성경이 말하는 강한 자와 부자의 정의는 우리의 것과 다르다. 즉, 성경이 말하는 강한 자와 부자는 권력과 재산의 유무가 아니라, 자신이 손에 쥐고 있는 것을 의지하여, 하나님을 필요로 하지 않고 남을 자기보다 낮추고 자신을 높이는 자들이다.

그러므로 모든 세상의 권력자와 부자가 하나님의 대적자가 아니다. 가난하면서도 남을 멸시하고 자신을 높이는 자가 있고, 권력자와 부자 가운데서도 하나님을 경외하는 겸손한 일꾼은 얼마든지 있기 때문이다.

---

[7] 윤철원, 『누가복음서 다시 읽기』, 37-38.

그리고 운명을 반전시키시는 하나님의 역사는 개인의 영역에 국한되지 않고, 약자에 대한 차별을 영속화하는 사회 구조의 철폐에도 관여하신다.[8] 그리스도인들이 하나님의 뜻이 반영되도록 사회 구조 및 제도의 개선과 보완에도 힘을 쏟아야 할 이유다.

그리하여 마리아 찬가는 우리의 안일함을 깨운다. 곧 세상만사가 잘 돌아가고 있으며 하나님은 하늘의 한적한 곳에 멀리 떨어져 이 땅의 불의를 잊고 계신다고 생각하는 사람들을 휘젓는다.[9]

우리는 어느 예능 프로에서 외치던 "나만 아니면 돼!"를 따라 세상의 부조리에 함몰되거나 하나님 이외의 것을 하나님의 자리에 놓고 있으면서도 나는 남들만큼 권력도 재산도 없다고 자신을 하나님의 심판 대상에서 제외하는 어리석음에 빠져 있지 않는지를 꾸준히 살펴야 한다.

그런데도 하나님의 크신 은혜는 불신앙에 빠졌던 이들도 믿음으로 이끄셔서 사용하신다. 의인으로 하나님께 간절한 기도로 나아갔던 사가랴는 자기 기도가 응답될 때는 오히려 불신앙적으로 반응한다. 바로 우리의 모습이다. 하지만, 불임의 부부가 아이를 갖게 되고, 불신앙에 대한 징계의 일환으로 말을 못 하게 된 사가랴가 다시 말을 하게 되는 과정 속에서 하나님의 권능과 돌보심과 긍휼을 깨닫게 된다.

말을 못 하게 된 침묵의 시간은 그에게 깊은 경외감 속에 하나님에 대해 다시 생각하게 했을 것이다. 징계 또한 하나님 사랑의 표현이다. 히브리서는 징계가 없으면 오히려 하나님의 자녀가 아니라는 증거라고까지 말씀한다(히 12:8).

사가랴는 과거보다 좀 더 성숙한 신앙인으로 묘사된다. 주변 사람들의 생각보다 하나님이 말씀에 더 집중하여 순종하는 믿음의 사람이 되었고,

---

8   조엘 그린, 『누가복음』, 156-157.
9   데이비드 E. 갈런드, 『강해로 푸는 누가복음』, 107.

그 하나님을 찬양하게 되었다.[10] 하나님의 뜻에 순종했을 때 사가랴의 입이 열렸듯이 순종함으로 막혔던 우리의 삶이 열리는 은혜를 경험해 보자. 평생을 의인으로 살았던 사람도 여전히 성장할 필요가 있다.

  나는 어디에서 멈추어 있는가?

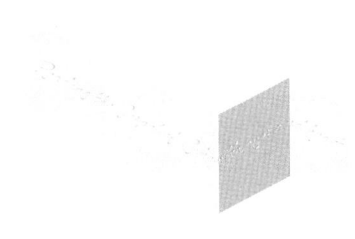

---

10 다렐 보크, 『NIV 적용주석: 누가복음』, 조호진 옮김 (서울: 도서출판솔로몬, 2010), 103.

제2장

우리에게 큰 기쁨과 평강 주시기를 기뻐하시는 하나님(눅 2장)

🔍 미리 보는 2장 메시지

- 슬픔의 장소도 주님이 함께하시면 기쁨의 공간으로 변한다.
- 구유와 성육신은 기꺼이 비천한 자와 함께하시는 예수님을 잘 보여 준다.
- 하나님은 사람들이 인정치 않거나 무시하는 이들을 통해서도 진리를 선포하신다.
- 아무리 어려운 상황에서도 자신의 믿음을 지켜낸 신앙의 위인은 항상 있다.
- 예수님은 어려서부터 하나님의 집에서 감당해야 할 자신의 사명을 알고 계셨다.

1 슬픔의 장소도 주님이 함께하시면 기쁨의 공간으로 변한다(2:1-3)

🌿 눈으로 읽는 본문

예수님의 탄생 장소는 왜 하필 베들레헴이었을까?

가이사 아구스도(아우구스투스)는 로마 제국 전체에 오늘날의 인구 센서스에 해당하는 호적령을 내린다. 누가는 이 명령과 수리아 총독 구레네와 연결시켜 약간의 연대기적 문제를 야기한다. 아우구스투스의 호적령은 예수님이 태어나셨을 무렵인 (B.C) 4년 이전 시대의 일이고 구레네는 기원후 (B.C) 6-7년에 수리아 지역의 총독이었기 때문이다. 하지만, 우리는 너무 정확한 연대에 집착할 필요가 없다. 아우구스투스의 호적령은 명확히 기간이 정해지지 않는 제국 전체에 걸쳐 긴 시간을 두고 시행한 정책이었고, 구레뇨는 그 포고령을 시행하는 당사자이기 때문이다.

호적령은 자기 뿌리를 찾아 선조의 고향으로 돌아가 주민등록을 하도록 하는 인구조사였지만, 실은 세금을 걷기 위한 근거 자료 확보의 목적이 가장 컸으며, 세상의 모든 사람이 로마 황제의 발아래 있다는 선언이었다. 이런 목적을 아는 마리아와 요셉의 나사렛에서 베들레헴까지 약 140킬로미터의 여정이 고향을 향한 설렘이나 반가운 마음을 가져다 주지는 않았을 것이다.

우리는 내 의지와 상관없이 다른 사람의 명령이나 힘에 눌려 원치 않는 일을 해야 할 때가 있다. 그러나 복음이 우리에게 기쁜 소식이 되는 이유는 원치 않는 그 일을 통해서도 하나님께서 선하신 목적을 이루시며 우리 유익을 위한 기회로 삼으시기 때문이다. 마리아와 요셉은 알지 못했으나 그들의 행보가 메시아의 베들레헴 출생 예언을 성취하고 있었다.

♥ 마음으로 읽는 본문

메시아의 베들레헴 출생 예언은 왜 중요했을까?

우리에게 베들레헴은 성탄절과 함께 마음이 따뜻해지는 어휘가 되었으나 유대인들에게는 고통스러운 땅의 기억이 더 강했다. 특히, 베들레헴은 수 킬로미터 떨어진 곳에 위치한 라마와 함께 묶여 고통의 장소로 언급되는 경우가 많다. 일차적으로는 야곱의 아내로 요셉을 낳았던 라헬이 베냐민을 출산하면서 난산으로 죽어 매장된 장소가 바로 베들레헴이었다 (창 35:16-20).

라마는 훨씬 뒤인 (A.D)기원전 587년경에는 유대 백성이 바벨론에 정복당하여 포로로 끌려갈 때, 포로들의 집결지이자 출발지였다고 한다(렘 31:15). 우리 역사 안에서는 어느 노래 가사처럼 6.25 전쟁 당시 납북인사들이 어느 노래 가사처럼 철사줄에 꽁꽁 묶여 끌려갔던 미아리 고개에 해당하는 지역이라고 할 수 있겠다.

유대인들의 울음소리가 천지를 진동하지 않았을까?

그리하여 헤롯이 아기 예수님을 죽이기 위해 베들레헴과 그 모든 지경의 두 살 이하의 아이들을 죽인 사건에 대해 라마의 애곡으로 표현했듯이(마 2:16), 유대인들에게는 베들레헴(그리고 라마) 지경은 슬픔의 장소요 고통의 장소였다.

예수님이 바로 그 슬픔과 고통의 마을 베들레헴에서 태어나신 것이다. 베들레헴 지역이 다윗의 출생지로 다윗의 자손이라는 상징성을 나타내기도 하지만, 마태복음 2:6에 보면 "유대 땅 베들레헴아 너는 유대 고을 중에서 가장 작지 아니하도다 네게서 한 다스리는 자가 나와서 내 백성 이스라엘의 목자가 되리라"라고 했다.

베들레헴은 규모도 작아 아무도 관심을 기울이지 않고, 기억하는 사람들은 슬픔과 죽음의 장소로 많이 기억되는 불행의 도시였고, 예수님이 어린 시절부터 장성하기까지의 시간을 보내신 나사렛도 "나사렛에 무슨 선한 것이 나겠느냐"는 조롱 섞인 속담이 회자될 정도로 무시당하는 곳이었다(요 1:46). 그러나 예수님이 태어나시고 자라나신 그 지역들은 무수한 성지 순례객이 찾으며, 오히려 베들레헴은 11-12월이 되면 사람들이 기쁨으로 기억하는 도시가 되었다.

이것이 우리가 아기 예수님을 우리의 삶으로 모셔야 할 이유다. 우리 삶의 현장이 보잘것없을지라도, 그곳에 예수님이 계시면 그리고 주님이 주인공이 되시면 그곳은 어디와도 비견될 수 없는 큰 기쁨과 생명의 장소로 변한다.

❷ 구유와 성육신은 기꺼이 비천한 자와 함께하시는 예수님을 잘 보여 준다(2:4-7)

🍃 눈으로 읽는 본문

하나님의 아들을 성령으로 잉태한 채로 베들레헴에 도착한 마리아는 해산할 시점이 이르렀다. 그러나 여관이 없어 첫아들을 낳아 강보로 싸매어 구유에 눕히게 되었다.

우리는 크리스마스 즈음이면 성탄절 연극의 한 장면에서 여관 주인의 역할을 맡은 아이가 "방이 없어요!"라고 매몰차게 대사를 말해야 했지만, 요셉과 마리아의 처지를 보고 눈물로 "우리 집, 내 방으로 들어와 쉬세요"라고 말하며 관객들을 감동시켰던 연극에 대해서 종종 듣게 된다.

감동을 훼손시키는 상황이 발생할 수 있지만, 베들레헴 같은 시골 지역에서는 우리가 알고 있는 상업 목적의 여관이 따로 있지 않았다고 한다. 7절에서 '여관'으로 번역된 어휘 카탈뤼마는 일반 주택의 손님용 방 정도로 번역되는 것이 타당하다.

그 당시의 일반적인 서민의 집은 세 개의 공간으로 구성되었다. 잠과 요리와 생활이 이루어지는 보다 큰 방과 손님용 혹은 창고용 작은 방 그리고 가축들이 비와 추위를 피하도록 만들어진 안방과 손님방 사이에 외양간이 있었다. 즉, 구유가 놓인 곳도 방의 일부였다.

근동 지역에서는 어떤 마을을 방문한 사람이 자기 혈연적인 관계를 통해 신분을 밝히면 그 지역의 사람들은 한 개인으로서가 아니라, 마을 공동체의 손님으로 간주하여 거처를 마련해주어야 할 의무가 있었다(누가복음 11장 해석에 있는 '잠깐 상식!' 코너 참조). 마리아와 요셉은 대부분의 베들레헴 사람들과 혈연관계였을 것이고, 친지에 준하는 손님으로 대접받았겠으나, 그날 손

님이 많아 방이 부족하여 머물게 된 공간이 구유 옆이었을 것이다.¹

♥ 마음으로 읽는 본문

예수님의 출생은 주거 공간에서 떨어진 외딴 외양간에서 이루어진 것은 아니다. 그런데도 당시 황제의 아이가 황궁에서 태어난 반면 하나님의 아들이 가축의 구유에서 누인 것은 낮은 자와 비천한 자와 기꺼이 함께하시는 하나님의 의지를 보여 주신 것이다. 그리고 구유는 사람들이 생각지도 않은 장소에서도 하나님이 일하신다는 사실을 알게 하는 장소이다. 남이 알아줄 만큼 폼나지 않아도 하나님이 일하고 계실 그곳을 찾아보자.

아기 예수님이 황실에서 쓰이는 비단천이 아닌 평범하고 낡은 천으로 싸여 말구유에 놓인 순간 자기를 비우시는 그리스도의 겸비함은 시작되었다. 한 인물의 가치는 그를 둘러싼 환경이 아닌 하나님이 펼치시는 드라마에서 어떤 역할을 맡느냐이다. 하나님은 그분께 죽기까지 복종하신 주 예수 그리스도를 하늘에 높여 만유가 무릎을 꿇게 하셨다(빌 2:5-11).²

다른 사람들이 바라보는 내 신분과 지위가 아니라 아무도 눈여겨보지 않아도 하나님의 구원 드라마 안에서 내가 맡은 역할의 중요성 때문에 감사하며 그 길을 가야 하지 않겠는가?

하나님만이 온 세상의 진정한 통치자이시다. 누가가 황제를 비롯한 여러 정치권력자를 언급하는 것은 예수님의 이야기를 당시의 시대적 사건들과 연결하여 기술하려는 역사적 관심 때문이다. 또 한편으로는 누가는 세상의 역사와는 차별되는 우주적 차원의 역사, 곧 하나님의 인류를 구원하시는 구속사(salvation history)를 전개한다. 역사적인 실재 인물들이 자기

---

1 조엘 그린, 『누가복음』, 188.
2 다렐 보크, 『NIV 적용주석: 누가복음』, 114.

가 인간 세상을 좌지우지하는 것으로 생각할지라도, 그들은 하나님의 더 큰 그림의 한 부분을 감당할 뿐이다. 하나님의 역사책 안에서는 부와 권력을 가진 자들만이 아니라 무명의 그리스도인들도 결코 지워지지 않는 발자국을 남기게 된다.

우리는 하나님의 구원 역사에서 어떤 역할을 감당하며, 어떤 캐릭터로 기록되고 있을까?

드라마의 등장인물에서도 선인처럼 보이나 결국 악인으로 드러나는 자들이 있고, 미약하고 힘없는 자이나 온갖 악을 이기고 결국 선한 인물로 최종적으로 승리하는 이들이 있다.

하나님의 구원 드라마 안에서 우리의 캐릭터는 지금 어떻게 진행되고 있을까?

3 하나님은 사람들이 인정하지 않거나 무시하는 이들을 통해서도 진리를 선포하신다

🌿 눈으로 읽는 본문

아기 예수님의 탄생은 밤에 밖에서 자기 양떼를 지켜 돌보던 그 지역 목자들에게 알려졌다. 우리는 낮은 자를 강조하다 보니 목자를 천한 직업으로 인식하지만, 유대 땅에서는 목자가 그리 천대받지 않았다고 한다.

그런데도 왜 목자였을까?

애굽인과 달리 유대인들은 목자를 멸시하지 않았고, 다윗도 목자였으며, 하나님과 이스라엘의 관계도 목자와 양의 메타포로 종종 제시된다 (참조. 겔 34장; 시 23편). 목자는 기본적으로 밤낮으로 온갖 추위와 더위에도 양에게서 눈을 떼지 않는다. 우리를 불꽃 같은 눈으로 지켜주시고 살펴주시고 돌아보시는 하나님을 상징하기에는 더할 나위 없이 좋은 직업군이다.

하나님이 우리를 위해서 이 땅을 돌아보신다는 의미에서 예수님 탄생의 첫 증인이 되게 하셨다는 것은 충분히 설득력 있다. 비록 목자가 천대받는 직업은 아니었다 할지라도 아무런 사회적 지위가 보장되지 않는 평범한 이들이었다는 사실은 변하지 않는다.[3] 하나님은 약한 자를 들어 가장 고귀한 일을 맡기신다는 누가의 주제가 목자들을 통해서도 계속된다.

♥ 마음으로 읽는 본문

목자들에 둘러싸인 아기 예수님의 모습은 왕의 탄생으로서는 사뭇 초라해 보일 수 있는 그림이다. 그러나 보이는 것이 전부가 아니다. 수많은 천군이 천사들과 함께 하나님을 찬송하는 장면이 연출되는 까닭이다. 하나님의 역사는 보이는 것으로 판단할 일이 아니다.

엘리사는 아람군대의 포위로 두려워 떨고 있는 게하시로 하여금 엘리사 주위를 지키며 보호하고 있는 산 위에 가득한 하늘의 불말과 불병거들을 보게 했다(왕하 6:14-19).

따라서 이렇게 기도하자!

'주여!

보이는 현상에 주눅 들거나 압도되지 않고 하나님의 보호와 권능이 우리를 둘러싸고 있음을 보고 담대할 수 있도록 우리의 눈을 열어 보게 하옵소서!'

우리는 또한 어떤 사람이 하는 말의 무게를 그가 가진 배경으로 판단치 말아야 한다. 목자가 하나님과 이스라엘의 관계를 나타내는 은유적 표현

---

[3] R. T. 프랜스, 『누가복음』, 이옥용 옮김 (서울: 부흥과개혁사, 2018), 56

의 대상이었지만, 당시의 목자들은 이방인으로 여인들과 함께 법적 증언의 효력이 없다고 여겨지던 무가치한 부류였다고 한다.

하지만, 하나님은 이 엄청난 사건의 증언자로 목자를 세우셨다(2:8-20). 누가는 나중에 여인들이 예수님의 부활을 알렸으나 제자들이 허탄한 이야기로 간주하여 믿지 않았던 일을 기록한다(24:11). 놀랍게도 예수님의 탄생과 부활의 첫 증인은 목자와 이방인인 동방박사 그리고 여인들이었다.

법적 증언의 효력이 없다고 여겨지는 이들을 증인으로 세우신 하나님의 유머가 드러나는 장면이다. 우리는 사람의 신분, 학식, 직업, 재정 능력에 대한 선입견 속에 그 사람이 하는 말의 무게를 결정하는 경향이 있다.

우리는 내게 무능력하고 무가치해 보이는 사람의 입에서 나오는 하나님의 뜻에 대해서도 민감히 반응하고 순종할 수 있는가?

그리고 다른 사람이 우리를 무시해도 하나님은 우리를 기꺼이 주님의 증인으로 세우실 수 있음을 믿는가?

4 아무리 어려운 상황에서도 자기 믿음을 지켜낸 신앙의 위인은 항상 있다(2:22-40)

눈으로 읽는 본문

당시 성전은 나중에 예수님께서 회초리를 휘두르시며 환전상과 동물을 파는 자를 내쫓으시고 만민의 기도하는 집을 강도의 굴혈로 만들었다고 한탄하실 만큼 이루 말할 수 없이 타락했다(눅 19:45-46). 그러나 성전의 타락상에도 신실하게 자신의 믿음을 유지하는 이들이 적지 않다.

마리아와 요셉은 모세의 법대로 산모의 정결례(레 12:2-4, 6)와 태어난 아기, 특히 장남에 대한 정결 의식(출 13:2,12; 민 18:15-16)을 이행하기 위

해 예루살렘에 올라갔을 것이다. 그리고 가난한 이들의 제물이었던 비둘기로 제사를 드린다.[4]

그때 신실한 하나님의 종 두 사람을 만나게 되었다. 한 사람은 시므온으로 의롭고 경건한 자로 하나님의 위로를 기다리며 성령이 그 위에 계셨다. 그는 그리스도를 보기 전에는 죽지 않을 것이라는 약속을 받았다. 성령이 성전으로 들어가라 하셔서 들어갔을 때, 아기 예수님을 보게 되었다. 시므온이 아기 예수님을 안고 찬송했다.

또 한 사람은 아셀 지파의 바누엘의 딸 안나다. 그녀는 결혼 후 7년 동안 살다가 남편과 사별하고, 84세가 되어 그 삶이 녹록지 않았을 것이다. 과부는 고대 세계에서 가장 열악한 상황에 놓인 존재였다. 그러나 그녀는 삶의 고단함으로 절망과 낙담 속에 살기보다는 하나님께 소망을 두고 성전을 떠나지 않고, 주야로 금식하며 기도하여 아기 예수님을 뵙는 영광을 갖는다.

그리스도인들과 교회의 타락상이 우리에게 시험과 상처로 다가올 때, 교회를 떠나고 싶을 때, 타락한 성전을 끝까지 지켰던 시므온과 안나의 믿음과 그들이 받은 축복은 교회와 사람들로 말미암아 실망하는 순간에 내게 어떤 의미로 다가오는가?

♥ 마음으로 읽는 본문

다른 사람의 타락을 내 불신앙의 평계로 삼지 말아야 한다. 한국 교회의 최대 교회는 '가나안 교회'라는 조소 어린 표현이 있다. 교회에 대한 실망으로 교회에 안 나가는 교인이 100만 명에 달한다는 기사가 있었다. 한국 교회는 옷이 아닌 마음을 찢고 통회하는 자성이 필요함과 동시에 교

---

4 다렐 보크, 『NIV 적용주석: 누가복음』, 122.

회의 타락이 우리의 불신앙에 대한 구실이 될 수 없음을 시므온과 안나를 통해 깨닫게 된다(2:21-40).

예수님께서 강도의 굴혈이라고 칭하실 만큼 당시의 성전은 이루 말할 수 없이 타락했다. 그러나 시므온과 안나는 심히 타락한 성전임에도 그곳을 떠나지 않고 메시아를 대망하는 정결한 신앙을 유지하여 마침내 아기 예수님의 탄생을 목도하고 품에 안는 은혜를 누렸다.

나의 불순종과 흐트러진 신앙을 다른 신자와 교회의 타락으로 구실 삼지는 않는가?

엘리야가 "나만 남았나이다" 하며 자기 외에는 주의 백성이 없는 것처럼 말했으나, 하나님은 바알에게 무릎 꿇지 않고 바알에게 입 맞추지 않은 하나님이 남기신 자가 7,000명에 이른다고 말씀하신다(왕상 19:14, 18). 어떤 환경에서도 주를 떠나지 않고 정금 같은 신앙을 지켜나가는 믿음의 위인들은 언제든지 존재했다.

우리가 때로 자신의 불신앙에 대해 다른 사람들을 핑계 삼아 제기하는 구실은 합당한가?

더욱이 하나님 보시기에는 어떠한가?

5 예수님은 어려서부터 하나님의 집에서 감당해야 할 자기 사명을 알고 계셨다(2:41-52)

🍃 눈으로 읽는 본문

경건한 유대인들은 계명대로(출 23:14-17; 34:23-24; 신 16:16) 매년 예루살렘에 올라가 유월절 행사에 참여했다. 예수님에게는 그해 유월절이 특별했는데, 유대인 남성에게 열두 살은 매우 의미 있는 나이이기 때문이다.

유대인 남성은 열두 살이 되면 공식적인 공동체의 일원으로 간주되었다 (예수님 당시 성년식이 있었는지 불확실 하나, 나중에 유대인 소년은 13세가 되면 성년으로 인정되는 성년식을 거행했다).[5]

평상시보다 훨씬 많은 인원이 움직이는 혼란스러운 유월절 행사가 마무리된 후, 예수님의 부모는 동료 순례자들과 나사렛으로 돌아가는 길에 예수님이 사람들 틈에 끼어 같이 오겠거니 생각했다가 하룻길을 간 후에야 예수님이 그 무리에 없는 것을 알게 되었다.

마리아와 요셉은 예루살렘으로 되돌아가 예수님을 찾아 헤매다가 사흘 후 성전에서 율법 선생들과 앉아 듣기도, 묻기도 하는 모습을 보게 되었다. 그곳에 있던 이들이 예수님의 지혜와 대답에 놀랍게 여기는 모습을 보고 부모도 놀랐다.

당시 예수님의 지혜를 초자연적으로 것으로 여길 필요는 없으나(조금 후 예수님의 지혜의 성장을 말하기 때문에), 또래에 비해 답변의 수준이 달랐던 것은 분명하다. 하지만, 며칠 동안의 염려로 '네 아버지와 내가'라는 주어로 마리아가 예수님을 꾸짖게 되었을 때, 예수님은 이렇게 대답하셨다.

"내 아버지 집에 있어야 할 줄을 알지 못하였나이까?"

마리아는 요셉을 예수님의 아버지로 불렀으나 예수님은 하나님을 아버지로 칭하셨다. 예수님은 예수님에 대한 사람들의 이해에 제한받지 않으신다. 그런데도 예수님의 대답은 반항 차원이 아닌 어려서부터 하나님의 아들로서 가지신 자의식의 표현으로 이해할 수 있다. 뒤이어 나사렛에서 부모를 받드시는 예수님의 순종이 언급되는 까닭이다. 예수님은 자기의 특별한 사역을 어려서부터 인식하셨던 것을 알 수 있다.

---

5   R. T. 프랜스, 『누가복음』, 70.

♥ 마음으로 읽는 본문

　예수님의 답변 "내 아버지의 집에 있어야 할 줄을 알지 못하였나이까"(2:49) 중 "내 아버지의 집에"에 대한 헬라어 원문을 직역하면, 단지 '내 아버지의 … 안에'(in the … of my father)이다. 집이라는 표현이 없다.

　문맥적으로는 내 아버지의 집이라는 번역이 어울리지만, 반드시 공간에 한정하여 번역할 필요는 없다. 즉, '나는 내 아버지의 일을 하는 데 있어야만 합니다'라고 예수님이 하시는 모든 일이 하나님과 관련한 일이어야 한다는 뜻의 해석도 의미 있다.[6]

　이 해석을 따른다면 신앙생활과 가정생활, 직장생활, 사회생활을 구분하는 데 익숙한 우리에게 많은 시사점을 안겨 준다. 어느 목사님은 신앙생활이라는 표현은 하나님을 섬기는 시간과 공간을 한정하기에, '생활 신앙'이라는 용어를 추천하셨던 기억이 있다. 예수님은 자신과 연관된 모든 일을 하나님 아버지의 일이라는 의식을 갖고 계셨던 것이다.

　예수님의 답변은 우리가 어느 시점, 어느 공간에 있든 하나님의 일을 하고 있다는 자의식 속에 살아가라는 권면이 아닐까?

---

[6] 다렐 보크, 『NIV 적용주석: 누가복음』, 132; 데이비드 E. 갈런드, 『강해로 푸는 누가복음』, 137.

제3장

구체적 회개가 여는 예수님이 오시는 길(눅 3장)

🔍 미리 보는 3장 메시지

- 세상의 권력은 곧 스러질 들의 풀과 같다.
- 주님께 나아가는 것과 회개는 다르지 않다. 그리고 회개는 생활 방식의 근본적인 전환이다.
- 예수님은 하늘이 선포하는 하나님의 아들이시다.

1 세상의 권력은 곧 스러질 들의 풀과 같다(3:1-2, 21-22)

🍃 눈으로 읽는 본문

누가는 세례 요한의 활동 시기를 당시 세계의 통치자들과 결부시켜 소개한다. 디베랴, 곧 티베리우스 황제는 군대 사령관이었다가 황제가 되어 로마를 기원후 14년부터 37년까지 다스린 인물이다. 세례 요한 및 예수님과 직접적 관련이 있는 권력자는 빌라도와 헤롯 안티파스(안디바)인데, 빌라도는 기원후 26-37년까지의 유대 총독이었고, 안디바는 아기 예수님을 해치려 했던 헤롯의 세 아들 중 하나로 분봉 왕으로서 갈릴리를 다스리고 있었다.

누가가 황제와 권력자들을 언급한 이유는 복음이 유대인만이 아닌, 로마로 대표되는 전 세계의 모든 사람과 관련됨을 나타내고자 함이다.

또한, 누가는 정치권력자뿐만 아니라 종교 권력자도 언급한다. 안나스와 가야바가 대제사장이었는데, 원래 대제사장은 한 사람이었으며 가야바는 대제사장 안나스의 사위로 현직 대제사장이었으나, 장인인 안나스의 영향력이 더 컸던 것으로 보인다.[1]

이 권력자들은 자기가 사람들의 운명을 쥐고 있다고 생각했었을 것이나, 소리 없이 역사의 뒤안길로 사라진다. 분봉 왕 헤롯이 동생의 아내를 취한 불륜에 대해 세례 요한이 통렬히 비판했으나, 악을 더하여 요한을 옥에 가두어 하늘의 목소리를 막으려 했다. 자신의 권력으로 이 모든 상황을 통제할 수 있다고 생각했던 것이다.

그러나 누가가 복음서를 썼을 때인 기원후 75년경에는 누가복음 3:1-2에 언급된 정치 종교 권력자는 모두 오래전에 세상을 떠났다. 그리고 앞선 통치자들의 자리를 이어받아 한때 권력을 누렸던 이들도 동일한 운명을 겪었다.

♥ 마음으로 읽는 본문

역사 드라마를 보면 세상의 많은 권력자가 세상 사람들이 자기를 어떤 인물로 기억하게 할 것인지를 고민했다. 그러나 생각해 보자.

우리가 죽은 후 한 세대 30년만 지나도 나를 기억할 사람은 몇이나 될 것 같은가?

---

[1] 트렌트 C. 버틀러, 『Main Idea로 푸는 누가복음』 (서울: 도서출판 디모데, 2003), 74-75.

지상의 자취는 의미 없다. 권불십년 화무십일홍(權不十年 花無十日紅), 즉 "권력은 십 년을 가지고 못하고 붉은 꽃은 열흘을 가지 못한다"라는 말이다. 마치 온 세상을 가진 듯 위세를 떨친 세상의 모든 권력자도 7-80의 인간 수명의 한계를 넘어서지 못했다. 오늘날과 미래의 세상 권력자에 대해서도 비록 평균 수명이 늘었다 해도 이 상황은 달라지지 않을 것이다.

세례 요한은 복음에 대한 선포 대상을 특정 계층에 국한하지 않았고, 권력자인 헤롯을 향해서도 거침이 없었다. 18절에서 세례 요한은 백성에게 좋은 소식을 전했다고 한다. 이어 19절에서 헤롯을 언급하는 것은 그 소식이 헤롯에게도 좋은 소식이었다는 점을 시사한다. 하지만, 헤롯은 자기 죄악을 지적하는 세례 요한을 옥에 가두는 악을 자행한다.

이런 상황에서 세례 요한의 비판이 어떻게 헤롯에게 좋은 소식이었을까?

세례 요한이 선포한 헤롯을 향한 심판의 메시지는 아직 그에게도 회개할 수 있는 기회가 남아 있음을 말하기에 좋은 소식이었다. 그러나 헤롯은 그 기회를 놓치고 만다. 결국, 헤롯은 회개의 기회가 있음에도 무시하고, 자기에게 들려오는 쓴맛이나 자기를 살리는 생명의 소리에 귀 기울이기보다는 끝내 귀를 막고 자기 권력을 유지하는 데에 온 힘을 쏟다가 망하는 사람들을 대표한다.

누가복음 3-4장은 예수님이 하나님의 아들이라는 신분을 소개하면서 그 신분에 기초하여 예수님 사역의 의미를 풀어나간다. 사람들은 권력과 부와 명성을 통해 안전을 확보하려는 경향이 있다. 그리하여 많은 이가 출세의 기회가 보장된 것처럼 보이는 그리고 인간적 힘이 응축된 곳에서 자기 자리를 찾고 지켜내는데, 온 에너지를 사용한다. 그곳을 떠나면 죽는 줄 안다.

그러나 나를 살릴 생명의 소리가 들릴 때, 그 음성이 누구를 통해서 들리든 그 음성을 붙들어야 내가 산다. 세례 요한의 쓴소리가 좋은 소식이라고 불리는 이유다(3:18).

세례 요한의 사역을 가리킨다고 해석되는 이사야의 예언(3:4; 참조. 사 40:3)은 그러한 사역자들의 정체성에 대해 '소리'라고 규정한다. 소리는 원하는 바를 전달하고 사라진다. 우리는 온 맘과 뜻과 정성으로 사역을 감당한 후, 흔적, 곧 우리의 이름과 자랑을 남기지 않는 것이 중요하다.

나는 내 자취를 남기는 일에 에너지를 쏟는가?

아니면 계속 사라지는 중인가?

2 회개는 주님께 나아가는 것이며 생활 방식의 근본적인 전환이다

🌿 눈으로 읽는 본문

놀랍게도 진정 세상을 이끌어가시는 하나님의 음성은 빈 들에서 세례 요한에게 임한다.

왜 빈 들이었을까?

빈 들 혹은 광야는 구약성경에서 매우 중요한 신학적 의미를 담은 장소로 출애굽 한 이스라엘이 하나님의 인도와 보호를 받던 장소였고, 선지자들이 압제자들을 피하거나 하나님과 교통하던 곳이었다(왕상 17:2-3; 19:3-18). 또한, 광야는 금욕과 영적인 은둔의 시기를 통해 하나님을 만나고 새로운 시작이 일어나는 지점이었다.[2] 곧 하나님을 삶으로 경험하는 장소였다.

빈 들에서 활동하며 당시 누구보다도 하나님의 뜻을 잘 분별했을 요한은 요단강에서 죄 사함을 받게 하는 세례를 전파했다. 많은 사람이 근 400여 년 만에 등장한 선지자에 관심을 갖고 그에게 몰려들었다.

---

[2] R. T. 프랜스, 『누가복음』, 50; 왕인성, 『질문 마태복음』 (서울: 두란노, 2020), 35.

마태복음도 세례 요한의 사역에 대하여 비슷한 내용을 전달하는데, 두 가지 면이 차이가 난다.

첫째, 마태복음은 바리새인과 사두개인들에 대해서 독사의 자식들이라고 정죄한 반면, 누가복음은 세례받으러 나오는 무리가 독사의 자식들로 불렸다고 전한다. 아브라함을 아버지로 여기면서 유대적 혈통을 내세워 하나님 앞에 자격 있는 존재로 생각했을 바리새파와 사두개파만이 문제가 아니다. 누구든 자신을 하나님 앞에 나아올 자격이 있다고 생각하는 이들은 이 호칭의 대상이 될 수 있음을 말한다.

둘째, 마태복음과 달리, 누가복음에서는 사람들이 요한의 회개 촉구를 받아들이며 "우리가 무엇을 하여야 하리이까" 하고 질문하는 무리와 세리와 군인들을 향하여 세례 요한은 가진 바의 만족함에 대해 가르친다. 무리에게는 옷 두 벌 있는 자는 없는 자와 나눌 것이며, 세리는 부과된 것 이외에는 거두지 말 것과 군인들에 대해서는 정한 급료 외에는 늑탈이나 강탈하지 말라고 권고했다.

♥ 마음으로 읽는 본문

빈 들 혹은 광야는 구약의 신실한 자들이 하나님을 만나 뵈었던 장소다. 이 지역적 구도는 단순히 도시와 시골의 지역적 차이를 말하는 것이 아니다. 분주하고 번잡한 우리의 사고 속에서 하나님을 만나 뵙는 그 순간이 중요하다는 것이다. 주님을 뵙는 나만의 시간과 공간이 없다면, 세상의 권력자들처럼 우리는 내가 내 인생의 주인인 것처럼 살고 있다는 반증이 된다.

빈 들은 정치, 종교 권력자들과 사람들의 세상에 자취를 남기려는 욕구를 경계하시는 하나님의 의중이 반영된 최적의 장소가 아니었을까?

하나님의 음성이 임하는 나만의 빈 들은 어디인가?

당시 이스라엘 사람들의 믿음이 돋보이는 것은 세례 요한에게 나아갈 때 듣기에 좋은 소리가 아니라 야단맞으러 가는 것을 알고 있었을 것이라는 점이다. 또 가봐야 꾸중만 듣지, 좋은 소리 듣지 못한다고 소문이 났을 것이다. 그런데도 꾸역꾸역(?) 굳이 야단맞으러 세례 요한에게 나아갔다. 거기에 생명이 있기 때문이다.

주님께 나아가는 우리의 기도와 마음가짐은 '주님, 위로해 주세요'뿐인가, 아니면 '주님, 저 좀 혼내 주세요'인가?

아니 오히려 주님의 꾸중을 청하는 그런 기도를 드려본 기억이 언제인가?

누가는 누구든 자신을 하나님 앞에 나아올 자격이 있다고 생각하는 이들은 '독사의 자식'이라는 호칭의 대상이 될 수 있음을 말한다. 우리가 어떤 신분과 자격을 가졌든 그것이 우리 구원의 근거가 될 수 없으며, 하나님은 미미한 길가의 돌들로도 언제든지 그리고 얼마든지 하나님의 자녀를 만드실 수 있는 분이다.

특히, '독사'라 함은 호전적, 공격적 성향을 떠오르게 하는데, 누가가 모든 이에게 이 호칭을 확대하는 것은 우리 역시도 하나님 앞에 나오면서도 다른 사람들을 향한 이해나 배려보다 무시하고 억누르며 공격하는 성향을 계속 갖고 있기 때문이 아닐까?

21세기를 살아가는 우리도 독사의 자식이라는 세례 요한의 비난에서 자유로울까?[3]

특히, 누가복음에서는 마태복음과 달리 세례 요한의 질타를 받은 이들은 "우리가 무엇을 하여야 하리이까"라고 묻는다. 이처럼 회개는 추상적인 마음속의 반성이 아니라 구체적인 삶의 변화로 규정된다. 그러나 회개는 우리가 할지 말지를 고민하는 옵션 사안이 아니다.

---

3   윤철원, 『누가복음서 다시 읽기』, 74.

구원이 있다는 것은 심판이 있다는 전제가 되며, 회개로 응답하지 않는 자에게는 도끼가 나무뿌리에 놓였다는 심판의 시급성과 엄중함을 말함으로써 누가는 회개의 필요성을 역설한다.[4]

세례 요한의 회개에 대한 가르침은 종교생활에 국한되지 않고, 각자의 직업에서도 적용된다.

나는 내 직업에 대하여 무엇을 회개해야 할까?[5]

그런데 세례 요한은 많은 소유를 가진 사람들에게 말하고 있는 것이 아니다. 단 두 벌의 옷만 있는 사람들에게 나누라고 말하고 있다.

우리는 두 벌 옷을 가진 자들보다는 훨씬 풍족하지 않은가?[6]

---

4   다렐 보크, 『NIV 적용주석: 누가복음』, 145.
5   트렌트 C. 버틀러, 『Main Idea로 푸는 누가복음』, 79
6   데이비드 E. 갈런드, 『강해로 푸는 누가복음』, 170

3 예수님은 하나님의 아들이시다(3:21-38)

🍃 눈으로 읽는 본문

요한의 감금을 기록한 누가는 예수님이 세례받으신 장면을 짧게 기술한다. 누가복음에는 마태복음과 달리 죄 없으신 예수님이 왜 세례를 받으셨는지에 대한 신학적 논의가 담긴, 즉 세례 요한의 '내가 오히려 세례를 받아야 할 당사자인데, 예수님 당신이 왜 내게 오시는지'라는 질문에 대한 예수님의 답이 없다. 대신에 곧장 예수께서 세례받으신 후 일어난 일에 집중한다.

즉, 세례받으시고 기도하실 때 하늘이 열리며 성령이 비둘기 같은 형체로 예수님의 위에 강림하시면서 하늘로부터 소리가 들려온다.

"너는 내 사랑하는 아들이라 내가 너를 기뻐하노라."

하늘의 음성은 예수님이 특별한 의미에서 하나님의 아들이며 예수님의 메시아적 사명을 강조하는 데 목적을 둔다. 그리고 누가는 지금 막 선포된 하나님의 아들이라는 신분은 무엇을 의미하는지를 예수님의 족보와 4장에서 기술되는 세 개의 사탄의 시험을 통해 설명한다.

누가의 족보와 마태의 족보는 구조와 기술 방식에 차이점이 있다. 마태는 예수님의 왕적 메시아로서의 유대 왕적 계보를 도입하여 솔로몬 계통을 따르지만, 누가는 솔로몬보다는 덜 알려진 나단 계열(마리아 계열의 족보라는 견해도 있으나 근거가 약하다)을 소개한다.

어느 계보가 더 정확한지를 논하기보다는 복음서 기자의 의도가 더 중요한데 누가는 가계 목록을 다윗과 아브라함에 그치는 것이 아니라 아담을 넘어 하나님까지 연결시킨다. 예수님은 민족적 제약을 넘어서 온 우주의 구주가 되시는 까닭이다. 그리하여 예수님의 구원은 모든 인류를 향한다.

♥ 마음으로 읽는 본문

　세례 요한을 통해 비록 비판의 소리였지만, 궁극적으로 구원에 이르는 좋은 소식이 헤롯에게 전해졌음에도 헤롯은 자기 권력으로 세례 요한의 소리, 곧 하나님의 음성을 막아 버린다. 그러나 예수님은 하나님의 아들이심에도 겸손히 하나님께 나아간다.
　하나님의 아들이 인간의 손에 세례를 받는 참으로 어울리지 않는 장면이 등장하지만, 예수님은 모든 순간에 누구를 통해서든 들려지고 드러나는 하나님의 음성과 뜻을 받아들이신다.
　그리하여 누가는 끊임없이 '하나님의 아들'이라 함은 신분 자체보다 하나님에 대해 어떤 자세를 가져야 하는지가 더 중요하다는 것을 알게 한다. 예수님은 인간이 세례 요한에게 세례를 받으심으로 하나님의 아들이라는 신분의 출발점이 자기를 낮추는 일에서 시작됨을 친히 보여 주신다.
　우리는 하나님의 자녀다. 이 신분만으로 안도감을 느끼며, 하나님이 곳곳에서 그리고 다른 사람들을 통해 들려주시는 하나님의 뜻과 음성을 모르는 체하고 자기의 현재 신분에만 집착하면 바리새인과 사두개파를 포함하여 세례 요한에게 독사의 자식들이라고 칭해졌던 이들과 다를 바 없다.
　나는 어떤 면에서 하나님의 자녀인가?
　4장의 예수님의 시험을 통해 그 의미를 더 살펴보자.

제4장

하나님과 우리 사이의 단절이 주 목적인 사탄의 시험(눅 4장)

🔍 미리 보는 4장 메시지

- 사탄의 시험 문제는 하나님의 자녀가 무엇을 의미하는가이다.
- 예수님은 우리를 삶의 온갖 고통에서 놓아주기 위해 오셨다.

1 사탄의 시험 문제는 하나님의 자녀가 무엇을 의미하는가이다(4:1-13)

🍃 눈으로 읽는 본문

3:22에서 선포된 그리고 사탄도 알고 있는, 예수님이 가지신 하나님의 아들이라는 신분이 예수님의 시험의 출발점이 된다. 즉, 세 개의 시험 모두 '하나님의 아들은 무엇을 의미하는가?'를 묻기 위해 세 가지 관점에서 출제된 것이다. 이 시험은 하나님의 자녀는 무엇을 의미하느냐는 문제로 우리에게도 출제된다.

예수님은 금식 후 성령에 이끌리어 40일 동안 사탄에게 시험을 받으셨다(4:1-13).

첫 번째 시험은 돌로 떡 덩이가 되게 하는 것이었다. 하지만, 이 시험은 이적을 통해 예수님이 하나님의 아들 되심을 증명하라는 것이 아니다. "네가 만일 하나님의 아들이어든"이라는 조건문은 사탄은 예수님의 신분을 이미 알고 있기에 '당신이 하나님의 아들이기 때문에'로 번역될 수 있다.

돌로 떡을 만들어 먹으라는 사탄의 시험은 하나님의 아들이라는 신분에는 고난이 어울리지 않기에 하나님도 그러한 면은 이해하실 터이니 하나님과의 친밀한 관계를 이용하여 독자적으로 예수님 자신의 능력으로 떡의 문제를 해결하라는 것이다.

즉, 이 시험은 예수님도 하나님 없이도 행할 수 있는 초자연적 능력을 갖고 있으니, 굳이 하나님께 여쭙거나 뜻을 물어보지 말고, 자신의 필요만을 위해 능력을 발휘하여 떡을 만들어 먹고, 향후에도 하나님과 상관없이 독자적인 방식으로 메시아 사역을 감당하라는 것이었다.

하나님과 예수님 사이를 이간질 하여 벌려 놓으려는 사탄의 궤계를 꿰뚫어 보신 예수님은 사탄의 시험에 대한 대응으로 만나의 교훈(신 8:3)으로 답변하신다. 만나 사건의 본질은 당일 먹을 만큼의 분량만 거두라는 것인데, 이는 독자적인 판단으로 사명을 감당하는 것이 아니라, 더욱 매일 매일 하나님의 말씀과 그분의 인도하심을 의지하는 것 자체가 메시아의 길임을 천명하신 것이다.

자신을 위해서는 그 능력의 사용을 단호히 거부하신 예수님은 나중에는 굶주린 사람들을 위하여서는 기꺼이 오병이어의 기적을 베푸셨다.[1]

두 번째 시험으로 사탄은 천하만국을 보여 주며 예수님의 경배를 요구한다. '이것은 네게 넘겨준 것이므로'라고 말하는 세상에 대한 사탄의 소유권 주장은 일정 부분 참이다. 마귀의 권세는 제한적이지만, 이 세상 사람들을 미혹하기에 충분할 만큼 강력하고, 그를 섬기는 자에게 상을 줄 수도 있다. 하지만, 온 세상을 다스릴 권세를 부여받을 인자이신 예수님(시 2:8; 단 7:13-14)은 이 세상을 지배하고 있는 마귀와는 필연적으로 충돌

---

1 데이비드 E. 갈런드, 『강해로 푸는 누가복음』, 196.

하실 수밖에 없다.[2]

현재는 천상의 존재가 아닌 한 인간으로 살아가고 있는 예수님에게 마귀는 모든 인간의 기저에 도사리는 권력욕을 자극한다. 선물을 마다할 이는 없다. 선물이 뇌물이 되는 것은 순간이다. 탐욕이 하나님을 보지 못하게 하는 순간 그것은 뇌물이다. 이 시험은 또한 원하는 바를 이루기 위해서 신속한 길이 되는 사탄과의 손을 잡고, 배척과 고난 등은 멀리 던져 버리라는 유혹이다.

이에 예수님은 '주 너의 하나님만 경배하고 섬기라'는 말씀으로 대응하신다. 사탄이 약속하는 권세의 허무함과 악함 그리고 사탄의 그 힘도 하나님의 통제안에 있음을 아셨기 때문이다.

세 번째 시험으로 사탄은 성전 꼭대기에서 뛰어내려 하나님의 보호 여부를 통해 아들을 향한 사랑을 시험하라 한다. 이 성전 꼭대기는 기드론 골짜기를 내려다보는 성전 회랑의 모서리였을 가능성이 높은데, 요세푸스에 의하면 그 회랑의 높이는 약 30미터였고, 지금도 그 위치에 서면 아찔하여 아래를 쳐다볼 수 없을 정도라고 한다.[3]

"주 너의 하나님을 시험하지 말라"는 예수님의 답변은 신명기 6:16을 반영하면서 출애굽기 17:1-7의 맛사의 경험을 기억나게 한다. 하나님께서 이스라엘 백성의 광야길 보호를 약속하셨음에도 이스라엘 백성은 그 약속을 신뢰하기보다는 반역하고 모세로 하여금 반석에서 물을 내게 하라고 하여 하나님을 시험했다.

하나님은 그들이 원하는 바를 들어주셨지만, 신뢰의 관계는 크게 손상되었다.[4] 사탄의 이 시험은 시편 91:11-12을 부분 인용한 것인데, 하나님은 그 아들을 성전 꼭대기에서 뛰어내릴 때 기적을 통한 하나님의 돌봄이

---

2 R. T. 프랜스, 『누가복음』, 96.
3 R. T. 프랜스, 『누가복음』, 97.
4 R. T. 프랜스, 『누가복음』, 97.

나타난다면 하나님과의 관계가 더욱 돈독해지지 않겠느냐는 시험이었다.
그러나 하나님에 대한 신뢰는 증거를 필요로 하지 않는다. 불필요한 위험에 자신을 노출해 하나님의 보호를 강요하는 것은 하나님을 시험하는 것이다. 결국, 사탄의 시험은 하나님과 아들 예수님의 관계를 손상하려는 계략일 뿐이다.

비록 우리가 예수님과 같은 능력을 지닌 것은 아니나 이 시험은 항상 우리를 향할 수 있다. 사탄은 우리의 능력을 시험하는 것이 아니라 하나님과 우리 사이의 신뢰를 끊어내는 데 집중하는 까닭이다.

♥ 마음으로 읽는 본문

세례 요한이 사라지면서 예수님이 무대의 전면에 등장하신다. 예수님이 세례를 받으실 때, 하나님의 아들로 선포되고 성령을 따라 사역의 길에 서신다. 그러나 첫 사역이 시험으로 시작되었다는 것은 하나님의 일을 한다는 것이 그리 녹록한 것이 아님을 알게 한다.

마귀는 세 개의 질문으로 시험하지만, 본질적인 것은 하나님과의 관계를 끊게 하는 것이 주목적이다. 돌덩이로 떡을 만들라는 것과 성전 꼭대기에서 뛰어내리라는 시험은 하나님과의 친밀한 관계를 이용하여 하나님은 내게 이 정도는 당연히 해 주셔야 하는 것이 아닌지 의심하도록 하는 것이 시험의 출발점이다.

특히, 성전 꼭대기에 뛰어내릴 때 하나님의 천사가 지켜주어야 할 것이라는 시험은 '이 세상의 안전이 확보되지 않아도 하나님께 순종할 수 있는가?'라는 질문을 통해 우리에게 도전한다.

그러나 사탄의 시험은 그것이 시험인지 알지 못하게 우리를 마비시킨다. 사탄은 이 세상의 영광과 화려함을 보여 주는 유혹에 능하다. 그레이엄 그린(Graham Green)의 소설 『권력과 영광』(*The power and glory*)은 사탄에 대해 이렇게 묘사된다.

> 나는 사탄이 타락했을 때, 얼마나 많은 아름다움을 함께 가지고 내려왔는지 안다. 경험으로부터 말이다. 타락한 천사들이 추한 존재라고 말한 사람은 아무도 없다. …[5]

이 묘사는 사탄의 유혹이 우리에게 경계심을 갖게 하기보다는 얼마만큼 아름답고 매력적으로 다가오는지를 알게 한다. 보이는 것이 전부가 아니기에 화려함에 현혹되지 말아야 한다. 또한, 십계명 중 제1계명을 거스르게 하는 사탄에게 경배를 요구하는 시험은 예수님처럼 모든 순간에 하나님을 기억하고 자기 생각을 하나님으로 가득 채워야 이겨낼 수 있다.

특히, 빠른 해결처럼 보이게 하는 사탄이 제시하는 지름길 그러나 정작 나를 파멸시킬 그 길을 지혜롭게 분별해 내야 한다.[6]

2 예수님은 우리를 삶의 온갖 고통에서 놓아주기 위해 오셨다(4:14-44)

🪶 눈으로 읽는 본문

예수님이 마귀의 시험을 끝으로 광야에서 돌아오시자마자 공생애 사역이 시작된다. 누가복음 9:51은 예수님이 예루살렘을 향하여 가는 여정의 시작점이 되는데, 그 이전까지는 예수님은 갈릴리 사역에 집중하셨다. 마귀의 시험을 끝내신 예수님은 성령의 능력으로 갈릴리로 돌아가서서 여

---

5   데이비드 E. 갈런드, 『강해로 푸는 누가복음』, 202.
6   다렐 보크, 『NIV 적용주석: 누가복음』, 172.

러 회당에서 가르치시며 성령의 능력을 행하셨다.

예수님은 뭇사람의 칭송을 이끌어 내시는 인상 깊은 사역을 하셨고, 갈릴리의 한 작은 산골 마을이자, 예수님이 자라나신 동네인 나사렛 회당을 방문하시게 되었다. 당시 회당장의 역할 가운데 하나는 매 안식일 예배 때 성경 봉독과 강론을 맡을 이를 선정하는 것이었다. 아마도 예수님의 명성을 듣고 있었던 나사렛 회당의 회당장이 예수님께 이를 부탁했던 것 같다.

예수님은 이사야 61:1의 본문을 읽으시고는 이 말이 오늘 임하였다고 하신다.

> 주의 성령이 내게 임하셨으니 이는 가난한 자에게 복음을 전하게 하시려고 내게 기름을 부으시고 나를 보내사 포로 된 자에게 자유를, 눈먼 자에게 다시 보게 함을 전파하며 눌린 자를 자유롭게 하고 주의 은혜의 해를 전파하게 하려 하심이라 하였더라(사 61:1).

이 설교는 향후 전개되는 예수님의 모든 사역의 큰 그림을 제공한다. 일차적으로는 해당 본문이 메시아 본문이기에 자기의 메시아 되심의 선언이며, 또 한편으로는 예수님 사역의 본질을 설파하신 것이었다. 그분은 모든 얽매임에서 인류를 자유케 하시기 위해 오셨다.

예수님이 말씀하신 놓임, 눈먼 자의 회복, 억압으로부터의 자유 개념은 이스라엘의 희년 개념에서 출발했다(레 25:8-17). 희년이 모든 압제로부터의 새출발을 상징했듯이 예수님은 이 말씀의 선포로 당신의 사명을 통한 하나님의 구원과 새출발을 선언하신 것이다.[7]

---

[7] 다렐 보크, 『NIV 적용주석: 누가복음』, 180.

4:31-44에 있는 기적 이야기들은 예수님의 가르침이 말로만이 아닌 실제적 권능과 권위가 있는 것임을 증명한다. 더러운 귀신들린 사람과 베드로 장모의 치유, 곧 귀신들과 질병의 즉각적 치유자로 예수님이 제시된다. 예수님의 능력은 보이는 세계뿐만 아니라 보이지 않는 세계까지도 영향력을 미친다. 귀신들은 예수님의 정체성과 권능을 알아보았다.

"나는 당신이 누구인 줄 아노니 하나님의 거룩한 자니이다."

"당신은 하나님의 아들이니이다."

그러나 예수님의 말씀에 놀라던 예수님의 고향인 나사렛 사람들은 "이 사람이 요셉의 아들이 아니냐"라고 하면서 예수님의 성장기를 알고 있다는 이유로 예수님의 사역의 의미를 애써 폄훼하려고 했다. 예수님은 이들의 반응에 나사렛 사람들이 "의사야, 너 자신을 고치라"라는 속담을 인용하며, "가버나움에 당신이 행한 일을 들었는데 여기 당신의 고향 나사렛에서도 그 기적을 행하라" 할 것이라고 하셨다.

"의사야, 너 자신을 고치라"는 속담은 의사가 다른 사람들에게는 처방적 지시를 내리지만 정작 자신은 그 지시를 따르지 않는 것을 조롱하는 말이다.[8] 이 말은 어느 영화 대사처럼 "너나 잘하세요"와 같이 예수님을 향하여 입을 다물라고 요구하는 것과 다를 바 없었다.[9] 그리고 가버나움에서 행한 일들을 우리 앞에서 행하면 우리가 한번 판단은 해보겠다는 요구였을 것이다.

예수님은 선지자가 고향에서 환영을 받는 자가 없다 하시면서 씁쓸한 마음을 감추지 않으셨다. 예수님은 엘리야 시대에 이스라엘 가운데 많은 과부가 있었으나 이방인 사렙다 과부가 하나님 은혜의 수혜자가 된 사실과 엘리사 시대 때 이스라엘에 수많은 나병 환자가 있었으나 오히려 수리

---

8   데이비드 E. 갈런드, 『강해로 푸는 누가복음』, 221.
9   트렌트 C. 버틀러, 『Main Idea로 푸는 누가복음』, 99.

아 사람 나아만 장군만이 나음을 입었던 사실을 지적하신다.

예수님이 제시한 사례는 당시 사람들에게는 매우 충격적인 예시였다. 예수님이 지적한 엘리야와 엘리사 시대는 이스라엘 역사 중 가장 변질되고 형편없는 믿음을 지닌 시대의 표상이었기 때문이다.

이 예시가 충격적인 이유는 예수님 당시의 시대를 이스라엘 역사 중 가장 영적으로 좋지 못했던 시대와 비교하는 것이고, 유대인들이 가장 혐오하던 이방인들이 오히려 주님 은혜의 수혜자가 될 수 있다는 사실을 받아들일 수 없었을 것이기 때문이다.

예수님의 말씀은 나사렛 사람들을 불쾌하게 만들었고, 예수님을 산 낭떠러지가 끌고 가서 죽이려 했다.

♥ 마음으로 읽는 본문

우리는 친숙함이 가져오는 무시 혹은 경멸에 대비해야 한다. 예수님의 첫 사역은 많은 사람의 칭송으로 이어졌지만, 고향 사람들은 예수님을 너무 잘 알고 있다는 인식 아래 예수님의 행보를 무시하고 배척했다. 예수님과 경우는 다를 수 있으나, 우리의 사역이 익숙해질 때 우리의 권고와 가르침이 너무 익숙해져서 별 영향을 미치지 못할 일도 있다.

사역이 타성에 젖을 때 나의 돌파구는 무엇일까?

예수님은 하나님과의 독대에서 그 길을 찾으셨다. 예수님은 대중에게서 물러나 한적한 곳을 찾아 기도하셨다(4:42; 5:16; 6:12). 예수님은 사람들의 환호가 아닌 혼자의 시간을 통해서 하나님의 목적을 분별하고 순종하는 모범이 되신다.[10]

---

10 조엘 그린, 『누가복음』, 276.

또한, 우리는 예수님 하는 것 봐서 판단하겠다는 나사렛 사람들의 불신앙에 빠질 수 있다. 즉, 하나님이 우리의 요구에 응답하시는 정도를 봐서 주님으로 인정하겠다는 태도는 나사렛 사람들과 다를 바가 없는 까닭이다.

최근 주님이 내 주님이 되시도록 '만일 … 을 해 주시면'이라고 내가 내건 조건은 무엇인가?

그리고 우리는 4장에서 예수님이 온갖 질병을 고쳐 주신 분으로 제시되지만, 누가복음이 기록한 첫 번째 기적 사건이 귀신을 쫓아내는 사건임을 주목할 필요가 있다. 귀신이 예수님의 정체성을 언급하자 예수님은 악한 영을 꾸짖으시고, 그 사람은 즉각적으로 치유된다.

이 사건은 단순히 예수님의 능력을 보여 주는 것이 아니라, 예수님의 권세는 우주적 차원까지도 아우른다는 사실을 확인시켜 준다. 우리의 주님을 향한 묵상의 범위가 보이는 세계와 보이지 않는 세계까지도 확대되어야 한다. 반대로 우리가 넘어설 수 없을 것처럼 거대해 보이는 세상의 제 문제도 그렇게 거대하거나 큰 세력이 아니다. 그 문제도 결국 예수님의 온전하신 통제 아래 있기 때문이다.[11] 이미 주님은 세상을 이기셨다 (요 16:33).

---

11 다렐 보크, 『NIV 적용주석: 누가복음』, 198.

・・・ 잠깐 상식! ・・・

　회당의 기원은 정확히 알 수는 없으나 유대인들이 바벨론 포로기에 예루살렘 성전이 훼파된 후, 포로로 끌려갔던 지역에 성전이 없던 관계로 종교 교육과 학교 교육을 위해 회당을 세우기 시작했다는 것이 정설이다.
　예수님 시대에는 지중해 연안의 많은 도시와 팔레스타인 안에 수많은 회당들이 있었다. 각 회당에는 랍비나 제사장이 정해지지 않아 평신도 가운데 한 사람이 회당장으로 봉직했다. 회당장은 건물 관리와 예배 때 질서를 책임지는 일도 맡았다.
　또한, 회당 예배 때 성경 봉독을 낭독할 자를 선정하는 것도 그의 임무 중 하나였다. 예배가 성립되기 위해서는 최소 열 명의 유대인 남성이 출석해야 했으며 회당 예배 순서는 네 가지로 구성되었다.

　첫째, 인도자의 예배로 부름의 말씀으로 시작되었다. 회중은 일종이 신앙고백 차원인 "들으라, 이스라엘"로 시작되는 신명기 6:4-9에 있는 쉐마를 암송했다.
　둘째, 예배의 다음 순서는 '손을 들어 올리기'로 명명된 기도 순서였다. 한 명의 대표 기도자가 기도하면 회중은 매 단락이 끝날 때마다 "아멘"으로 화답했다.
　셋째, 낭독자가 모세오경에서 발췌한 말씀과 구약의 예언서 중 재량껏 선택한 말씀을 낭독했다. 각 말씀의 설명과 권면이 덧붙여지기도 했다.
　넷째, 아론의 축도로 알려진 민수기 6:24-26의 기도가 축도로 선포되고 예배가 마쳐졌다.[12] 예수님은 이 예식 중 선지서 읽기와 해석 부분에 참여하셨을 것이다.

12　다렐 보크, 『NIV 적용주석: 누가복음』, 178. 브루스 M. 메츠거, 『신약성서개설』 (서울: 대한기독교서회, 1991), 54-58.

제5장

자격 없는 자를 부르셔서 주의 일꾼 되게 하시는 예수님(눅 5장)

🔍 미리 보는 5장 메시지

- 주님의 제자 됨은 절대자이신 그분 앞에서 자신의 무가치함을 깨닫는 데서 출발한다.
- 예수님은 우리 생각보다 훨씬 가까이 계시며, 우리를 온전히 회복시켜 주신다.
- 예수님은 자칭 의인이 아닌 소외된 죄인을 제자 삼으신다.
- 참된 제자는 '라떼'에 머물지 않는다.

1 주님의 제자 됨은 절대자이신 그분 앞에서 자신의 무가치함을 깨닫는 데서 출발한다(5:1-11)

🍃 눈으로 읽는 본문

예수님은 무리를 피해 배를 강대상 삼기 위해 마침 그물 손질하던 베드로의 배를 빌리신다. 호숫가에서 무리를 가르치시던 예수님은 문득 베드로에게 깊은 곳에 가서 그물을 던지라고 하신다. 밤샘 그물질에서 허탕을 친 베테랑 베드로가 낙담해 있고, 목수가 어부에게 고기 잘 잡히는 곳을 가르쳐 주는 가당치도 않은 현장이었지만, 베드로는 순종의 그물을 내린다.

내가 가진 경험이 중요하나 그 경험이 내 인생의 모든 문제에 답을 주지는 않는다. 내 경험을 넘어서는 상황은 오직 주님만이 답을 주실 수 있다. 고기가 많아 그물이 끊어질 정도가 되었다. 자신의 능력을 넘어서는 풍어를 경험한 베드로가 기쁨에 들뜨기보다는 즉시로 예수님 앞에 무릎 꿇고 고백한다.

"주여, 나를 떠나소서. 나는 죄인입니다."

주님은 베드로와 그 일행을 사람 낚는 어부가 되게 하셨다.

베드로가 두려움과 경외심으로 예수님께 자기를 떠나시라고 말한 것은 거룩하신 하나님은 죄인과는 아무런 관계를 맺으려 하시지 않을 것이라는 사람들의 일반적인 견해를 반영한다. 자기는 예수님과 친밀한 교제를 나눌 만큼 가치 있는 사람이라고 생각지 않았던 것이다. 베드로가 깨닫지 못한 것은 자기의 무능력과 죄를 인정하는 것이 하나님과 일하게 될 사람의 우선하는 조건이라는 점이다.[1]

베드로의 풍어 사건은 예수님의 초자연적인 지식이 있는 분이시며, 그분이 제자로 찾으시는 이들은 주님을 만나 자기의 분명한 한계를 인식하고, 아무런 자격 없는 죄인이라고 깨닫는 자임을 알게 한다.

그리고 베드로의 만선은 장차 사람을 낚는 어부의 일이 크게 성공할 것이라는 약속과 예표가 된다. 그러나 누가는 무조건적인 성공이 보장되는 것이 아니라 씨 뿌리는 비유(8:4-15)를 통해 많은 열매가 있기 전 제자로서 복음 전파의 여정 동안 적지 않은 고난과 반대를 통과하게 될 것이라는 균형적인 가르침을 제시한다.

1　다렐 보크, 『NIV 적용주석: 누가복음』, 203-204.

♥ 마음으로 읽는 본문

　주님의 제자가 된다는 것은 자신의 자격 없음, 능력 없음의 인정에서 출발한다는 주제는 누가복음 안에서 제자도가 다루어질 때마다 반복된다. 곧 누가복음 18장의 한 비유에서 다루어지는 바리새인처럼 하나님 앞에 자격 있음을 과신하며 주장하는 이들과 세리처럼 자격 없이 은혜로만 주께 나아가는 이들이 계속적으로 대조될 것이다.

　따라서 모든 사역자는 제자도의 첫걸음으로 자신의 자격 없음을 잊지 말아야 하는데, 사역이 익숙해질수록 자신을 자격 있는 사역자로 인식할 위험이 항상 존재하기 때문이다. 그리하여 처음에는 '나는 자격이 없는 사람이야'라는 겸손한 마음이 있다가, 사역이 조금 익숙해지면 '나는 괜찮은 사역자인 것 같아'라고 생각하고, 사람들의 칭찬이 많아지면 '이 일은 나밖에 할 사람이 없어!'라는 교만으로 변질되는 것은 모두에게 일어날 수 있는 일이다.

　성공을 싫어할 사람은 없다. 취직이든, 승진이든, 재정 관리나 건강이든 누구나 성공을 바란다. 대다수는 성공의 순간을 즐기는 데서 그친다. 그 성공의 출발점이 어디며 그 성공을 유지시켜 주고 계속 성공의 열매를 맺게 해 주시는 분이 누구이신지를 잊어버린다.

　나중에 나올 열 명의 나병 환자의 치유에서도 아홉 명의 나병 환자는 치유 받은 사실만을 기뻐하다가 진정한 구원의 영역에서 사라졌다. 단 한 명의 사마리아인만이 돌아와 감사를 표함으로 예수님으로부터 네 믿음이 너를 구원하였다는 칭찬을 들었다(눅 17:11-19).

　베드로도 풍어를 경험하지만, 풍어가 중요한 것이 아니라, 자신의 부족함, 하나님 앞에 있다는 두려움으로 나를 떠나소서 고백하게 했다. 소위 잘 나갈 때일수록 내 삶에는 성공만 있다는 생각이 들수록 베드로의 고백을 기억하자. 주님의 제자 됨은 나의 자격 없음에서 출발하고, 나는 하나님 앞에서 자격 없다는 인식은 모든 사역 동안 반드시 유지해야 할 초심이다.

2 예수님은 우리 생각보다 훨씬 가까이 계시며, 우리를 온전히 회복시켜 주신다(5:12-26)

눈으로 읽는 본문

예수님은 나사렛에서의 첫 설교를 통해 가난한 자, 병든 자, 귀신들린 자, 눌린 자, 소외된 자, 죽음에 처한 자를 자유롭게 하시는 복음 전파를 주님의 사명이라고 하셨다(4:16-19). 그 말씀의 연장선상에서 5:12-26에는 예수님의 권위가 드러나는 두 가지 이적, 나병 환자와 중풍 병자의 치유가 다루어진다.

당시 나병은 가정과 사회로부터의 격리를 가져왔다(참조. 레 13:45-46). 사람들은 위생상 혹은 종교적인 이유로 나병 환자와의 접촉을 통해 부정하게 되는 것을 두려워했다. 그러나 예수님은 나병 환자의 환부에 손을 대어 고쳐 주셨다.

예수님은 당신의 정결로 그 어떤 부정도 몰아내실 수 있다. 우리의 아픔을 이 세상 누구도 돌아보지 않을 때도, 심지어 사람들이 일부러 나를 피할 때도 주님만은 다가와 안아 주시고 우리의 영육 간의 환부에 친히 손을 대어 회복시켜 주신다.

중풍 병자의 이야기는 새로운 주제를 추가하는데, 곧 예수님의 죄를 사하시는 권세다. 모든 질병이 죄와 관련되지 않는다. 그러나 인류의 질병 역시 영혼의 질병인 죄에서 비롯되었다는 것 또한 사실이다. 중풍 병자의 치유는 예수님의 능력이 질병뿐만 아니라 죄의 영역까지도 아우른다는 사실을 보여 준다.

예수님이 중풍 병자와 그를 메고 온 이들의 믿음을 보시고 말씀하셨다.
"네 죄 사함을 받았느니라."
그러자 서기관과 바리새인이 신성모독이라고 하며 흥분하여 말했다.
"하나님 외에 누가 죄를 용서할 수 있단 말인가!"
예수님은 물으셨다.
"네 죄 사함을 받았느니라 하는 말과 일어나 걸어가라 하는 말이 어느 것이 쉽겠느냐"(5:23).
당연히 '죄 사함을 받았다'이다. 증명이 되지 않기 때문이다. 그러나 예수님은 중풍 병자를 온전히 치유해 주심으로 그의 죄 사함도 함께 성취되었음을 보여 주셨다. 인자도 죄를 사하는 권세를 갖고 있다는 것을 알게 하시기 위함이었다. 예수님은 곧 하나님이시기 때문이다(요 1:1-3).

♥ 마음으로 읽는 본문

나병 환자는 예수께 무릎 꿇고 아뢰었다.
"주여 원하시면 나를 깨끗하게 하실 수 있나이다."
나병 환자는 예수님의 치유하시는 능력을 의심치 않았다. 다만, 주님이 자기에게 관심을 기울이실 것인지를 궁금해했다. 그의 관심은 예수님이 사람 대접받지 못하고 사회 밖으로 내몰린 사람들조차도 돌보실 것인가에 대한 것이었다.
당시 사람들은 나병 환자를 가까이하지 않았고, 나병 환자 자신도 "부정하다! 부정하다!"를 외치며 자신을 사람들에게서 격리시켜야 했다. 그는 자신이 하나님의 은혜가 닿지 않는 곳에 있다고 느꼈을 것이다. 그러나 예수님의 행동은 하나님의 관심 밖에 놓이거나 하나님의 축복이 다가설 수 없는 사람은 그 어디에도 어느 순간에도 없다는 것을 보여

주셨다.[2]

혹 이 나병 환자처럼 하나님이 내게 관심을 두지 않으시거나 내게는 너무 멀리 계신 것으로 생각지는 않는가?

주님 앞에 무릎을 꿇고 그분의 은혜를 구하라!

그러면 주님은 당신께 다가와 어루만져 주시며 위로하시고 영육 간에 치유해 주실 것이다. 주님은 우리 생각보다 훨씬 가까이 계신다.

3 예수님은 자칭 의인이 아닌 소외된 죄인을 제자 삼으신다(5:27-32)

눈으로 읽는 본문

예수님이 사역을 수행하시면서 이 사명을 이어갈 제자들을 선발하고 교육하시는 내용이 5-6장의 중심이 된다. 그런데 예수님의 방식은 사람들 가운데 유능한 자를 제자로 선발하는 일반적인 관행과 다르다. 우선 예수님은 가장 자신 있는 고기잡이의 실패로 낙담해 있는 베드로를 찾아 주셨다.

또한, 예수님은 재산은 있으나 늘 소외되어 있던 레위를 찾아 주신다(5:27-32). 레위는 세리로 당시 유대인들에게는 로마에 빌붙어 사는 매국노 같은 존재로 여겨졌다. 경제적 안정은 누릴지라도 사람들에게 배척되는 외로운 삶을 살았을 것이다.

레위는 예수님의 초청에 응답하고, 잔치를 베풀어 동료 세리들에게도 예수님을 소개한다. 바리새인과 서기관들은 예수님이 하나님의 은혜를 입을 자격이 없는 부정한 세리와 죄인들과 어울린다고 비난하자, 예수님

---

2 다렐 보크, 『NIV 적용주석: 누가복음』, 205-206.

은 병든 자를 고쳐 주고 죄인을 불러 회개시키러 오셨다고 하셨다.

하나님의 관점에서는 모두가 병자이지만, 특히 바리새인과 서기관 그리고 세리 중 누가 진정 더 병든 자였을까?

소외된 자를 향한 주님의 다가서심은 누가의 중요 주제다. 특이한 것은 레위는 세리 집단이라는 악의 소굴에서 본인이 빠져나온 것만으로 감사하지 않는다. 바리새인들처럼 자기만의 거룩을 위해 단절을 선택하지도 않았다. 레위는 오히려 동료 세리들을 집으로 초청하여 예수님을 만나게 했다.

하나님의 사람은 주님을 만났다고 세상과의 단절을 꾀하는 것이 아니라 세상과 예수님의 접촉점을 만들어 자신이 만난 주님을 다른 이들에게도 소개하는 것이 주요한 사명이다(참조. 고전 5:10).

♥ 마음으로 읽는 본문

누가는 마가복음과 마태복음에서 레위를 언급할 때 표현되지 않은 '모든 것을 버렸다'라는 문구를 추가한다. 모든 것을 버렸다는 표현에 대해 많은 이가 부담을 갖는다.

예수님의 제자가 되기 위해서는 내 소유는 아무것도 없어야 한다는 말인가?

그렇지 않다. 유대인들이 구제에 관심이 많지만, 구제는 소득의 20퍼센트를 넘어서는 안 된다는 규정을 만들었다고 한다. 남을 돕다가 본인이 구제의 대상이 될 수 있는 상황을 염두에 둔 것이다.

물론, 예수님의 제자 가운데 자신의 이전 삶의 모든 소유를 온전히 버린 이들이 더러 있겠지만, 성경 속의 제자들 특히 모든 것을 버렸다는 이들 가운데는 여전히 재산을 갖고 있는 이들이 자주 등장한다. 따라서 모든 것을 버렸다는 말을 문자적으로 이해하기보다는 자기 소유의 소유권을 온전히 주님께 드렸다는 말로 이해하는 것이 타당하다.

그리하여 모든 것을 버렸다는 것은 회개를 통해 자기중심의 재산 축적이 삶의 목적이 아닌, 현재와 미래의 자기 소유와 그 처분권을 하나님의 목적에 부합하도록 재정비하고, 자기가 가진 재산은 하나님 나라를 위하여 언제든 활용될 수 있도록 자기에게 위임된 것으로 인식한다는 뜻이다.[3]

모든 것을 버렸다는 이와 같은 정의는 내게 어떤 의미로 다가오는가?

4 참된 제자는 '라떼는 말이야'에 머물지 않는다(5:33-39)

눈으로 읽는 본문

바리새인과 서기관은 그들이 부정하다고 생각하는 이들과 예수님의 회합이 마음에 들지 않았다. 예수님은 건강한 자에게는 의원이 쓸데없고 병든 자에게라야 쓸 데 있다고 하시면 예수님은 의인을 부르러 온 것이 아니요 죄인을 불러 회개시키러 오셨다고 분명히 말씀하신다.

그들은 예수님의 일행이 음식을 먹는 일이 자주 노출되자 금식의 이유로 예수님을 비난한다. 자신들은 물론이고 요한의 제자들도 금식하는데 당신의 제자들은 먹고 마시기를 좋아할 뿐 금식하는 것을 보지 못했다는 것이다. 예수님은 당연히 예수님의 제자들도 금식할 때가 있겠으나, 지금은 신랑과 함께 있는 시간이니 결혼식이 진행되는 동안 금식할 자가 있겠는가를 반문하신다. 그러나 신랑을 뺏기는 때, 곧 예수님의 죽음의 시간이 다가올 터이니 그때는 제자들도 금식하게 될 것이라고 하신다.

---

[3] 윤철원, 『누가복음서 다시 읽기』, 118.

사실 바리새인과 서기관의 비판은 금식의 이슈가 아니라 자기 기준으로 자기 의를 드러내며 남을 비판하려는 시도와 다르지 않다. 그리하여 예수님은 과거의 규례를 가지고 남을 판단하려 드는 이들을 향해 '새 옷에서 한 조각을 떼어 내어 헌 옷에 붙일 자가 없고 새 포도주를 낡은 가죽 부대에 넣을 수 없다'라고 하시며 예수님의 온전히 새로운 가르침을 과거에 매어 두려는 시도에 대해 어리석다고 우회적으로 말씀하신다. 해어진 낡은 옷과 낡은 가죽 부대가 새 옷과 새 술의 견고함을 감당할 수 없기 때문이다.

♥ 마음으로 읽는 본문

예수님은 새 옷과 새 포도주를 비유로 새로운 관점의 새 시대가 도래했다고 말씀하신다. 새 옷과 헌 옷, 새 포도주와 낡은 가죽 부대는 신축성과 팽창의 관점에서 부조화를 이룬다. 묵은 포도주를 좋아하는 사람은 새 포도주를 즐겨하지 않는데, 일반적으로 사람들은 술과 전통은 오래된 것일수록 좋은 것이라는 생각을 갖고 있다. 바리새인들과 그들의 서기관들은 자기들의 경건을 만족해하며 하나님이 가장 기뻐할 것으로 생각했다.[4]

신앙의 측면에서도 '라떼'와 '꼰대'가 존재한다.

믿음에 대한 나만의 정답을 갖고 있는가?
그리고 지금 나의 경건에 만족해하며 나의 믿음을 신축성 있고 유연한 믿음이 되게 하는 것을 불편해하지는 않는가?
그리고 나의 경건에 만족해하며, 다른 사람을 향해 이렇게 믿는 것이 정답이라며 남의 믿음을 판단하고 정죄하지 않는가?

---

[4] 다렐 보크, 『NIV 적용주석: 누가복음』, 225.

나만의 정답을 가진 사람은 다른 사람들은 다 틀렸다고 하는 터지기 직전의 포도주 부대다. 주님은 받아 주신 다른 사람의 믿음을 내가 하나님이 틀렸다고 말하는 형국이다. 자기의 부족함을 알기에 꾸준히 주님의 은혜를 구하며 다른 사람을 용납하는 사람이 새 부대다.

당신의 포도주 부대는 어떤 상태인가?

당신의 마음에는 내 생각을 고집하느라 순종해 보지 않았던 주님의 가르침이 새롭게 들어와 자리 잡고, 당신을 더 큰 사람으로 만들어 줄 공간이 충분한가?

제6장

우리의 안식과 동역을 기뻐하시는 예수님(눅 6장)

🔍 미리 보는 6장 메시지

- 예수님은 인간의 제도와 전통을 초월하신다.
- 예수님은 모든 능력이 있으심에도 부족한 동역자들과 함께 일하기를 기뻐하신다.
- 예수님은 '복'과 '화'라는 두 개의 삶의 선택지를 제시하신다.
- 예수님은 심지어 원수까지도 사랑하며 그들의 유익을 구할 것을 기대하신다.

1 예수님은 인간의 제도와 전통을 초월하신다(6:1-11)

🍃 눈으로 읽는 본문

이제 종교 지도자들과 예수님 사이의 긴장이 본격화되는데, 이른바 안식일 논쟁이 그 긴장을 심화시킨다(6:1-11). 이 논쟁은 앞서 언급된 새 옷과 새 포도주 논쟁의 연장선상이다. 바리새인들이 안식일에 예수님이 제자들이 이삭을 잘라 먹은 일로 비판했다. 안식일 노동 금지 규정을 위반했다는 것이다(참조. 출 20:8-11).

사실 구약성경에는 나그네나 가난한 이들이 굶주림을 면하도록 밭의 소출의 일부를 남겨 놓게 하는 아름다운 규례가 있었다(레 19:9-10;

신 23:24-25; 룻 2:2-3). 다만, 이 일이 안식일에 발생했다는 것을 책잡았다. 예수님은 다윗과 그 일행이 사울에게 쫓겨 다닐 때, 제사장 외에는 먹을 수 없는 진설병을 먹었으나 하나님이 생명을 위하는 일인 까닭에 죄를 삼지 않으셨던 일을 상기시키시며 인자가 안식일의 주인이라고 말씀하신다.

곧 안식일에 무엇을 하고 할 수 없을지를 결정하는 분은 인자이신 예수님이시라고 선언하신다(삼상 21:1-6; 22:9-23). 또한, 바리새인들의 생각과 달리 하나님의 시각에서 의식법이나 정결법보다 사람의 긴급한 필요가 우선한다는 말씀이다.

또 다른 안식일에는 예수님이 회당에 들어가셨다가 오른손 마른 사람을 발견하셨다. 서기관과 바리새인들은 예수를 고발할 증거를 찾기 위해 안식일에 예수님이 과연 이 사람을 고칠 것인가 지켜보고 있었다.

예수님은 그들의 생각을 아셨음에도 개의치 않으시고 그 사람을 한가운데 세우시고 그들에게 안식일에 선을 행하는 것과 악을 행하는 것, 생명을 구하는 것과 죽이는 것 중 어느 것이 옳으냐를 물으셨다. 답이 필요 없는 질문이었다. 예수님은 손 마른 자를 고쳐 주셨고 바리새인과 서기관들은 노기가 충천했다.

♥ 마음으로 읽는 본문

바리새인들은 출산과 생명이 위태로운 응급상황은 안식일에 치료할 수 있다고 했다. 그러나 예수님을 시험하려고 한 바리새인들은 손 마른 자의 형편은 응급상황은 아니므로 다음날 고쳐도 되었다고 주장했을 것이다. 우리 역시도 이 의견에 동의한다면, 손 마른 자의 평생의 한과 소원에는 눈을 감고 내 기준으로 의를 정하는 바리새파적 사고에 사로잡혀 있는 셈이다. 나면서 손 마른 자는 모든 상황이 그리고 평생이 응급상황이었을 것이기 때문이다.

이런 이유로 예수님은 선을 행하는 것과 생명을 살리는 일은 안식일 규정에 우선하여 언제든 행해야 할 일이었음을 천명하신 것이다. 법과 규정을 따지기 전, 내가 이유를 불문하고 긴급히 도움의 손길을 내밀어야 할 안타까운 상황에 처해 있는 사람이 주변에 있는지를 살펴야 한다.

그리고 나는 날마다 새로워지는가?

바울은 "누구든지 그리스도 예수 안에 있으면 새로운 피조물이라"(고후 5:17)라고 했다. 주님 안에서는 날마다 새로운 창조가 일어남이 마땅하다는 말씀이다. 물론, 옛것에도 우리가 본받아야 할 점이 많다. 그러나 신앙에서 옛것의 고수는 나태한 믿음의 한 형태일 수 있다.

다음과 같은 기도가 필요한 시점이 아닐까?

> 우리는 주님의 방식을 새로운 시각으로 보려 하지 않고, 그것에 대해 더 배우려고 하지도 않습니다. 우리는 현재의 우리 자신에 만족합니다.
> 오, 하나님!
> 우리를 용서하옵소서. 새로운 사람들에게 다가가기 위해 주께서 사용하시는 새로운 방식에 우리의 마음을 열게 하소서. 다른 사람들의 사회적 지위, 주거지, 직업, 명성 등에 상관없이 모든 사람을 구원하시기 위해 주께서 일하시는 새로운 방식에 참여하게 하소서. 아멘.[1]

1　트렌트 C. 버틀러, 『Main Idea로 푸는 누가복음』, 167.

❷ 예수님은 모든 능력이 있으심에도 부족한 동역자들과 함께 일하기를 기뻐하신다(6:12-19)

🌿 눈으로 읽는 본문

예수님은 생명을 살리시는 일을 위해 열두 제자를 택하여 부르셨다(6:12-16). 그러나 예수님은 제자들을 부르시기 전, 산에서 밤이 새도록 하나님께 기도하시면서 하나님의 뜻을 구하셨다. 이 열두 명은 아직은 부족한 제자들이나 점차 사도로 성장하면서 예루살렘 교회의 중추적인 지도자로 자리매김하게 된다.

철야기도를 통해 선택하신 주님의 조력자와 대변인들이 사회의 지도자급 인사가 아니라 평범한 사람들이었다는 점이 특이하다. 우리가 알고 있는 제자들의 직업은 어부 네 명과 세리 한 명이다.[2]

다른 이들의 직업은 왜 언급되지 않았을까?

♥ 마음으로 읽는 본문

예수님도 동역자들을 위해 기도하셨다면 우리는 얼마나 더 우리의 동역자들을 위하여 기도해야 할까?

우스운 이야기이지만, 대학 3학년 때 심한 불면증에 시달린 적이 있었다. 대학 졸업 후 신학교에 진학하여 사역자가 되기로 결심은 했으나 당시 전도사님들을 보니 기타를 치며 찬양도 잘하시고 참으로 달란트가 많은 분들이었다. 그분들과 비교할 때 나에게는 달란트라 할 만한 것이 없었다. 내가 사역자로 능력이 없다는 자괴감에 빠진 나는 한동안 불면증으

---

[2] R. T. 프랑스, 『누가복음』, 146.

로 고생했다. 그러나 주님이 마음을 다독여주셔서 함께 동역할 이들을 위해 미리 기도하게 하셨다. 결과적으로 주님은 내가 감당하는 사역마다 내가 부족한 영역에서 나보다 훨씬 뛰어난 지체들과 동역하게 하셔서 기쁨으로 감당했던 기억이 많다.

예수님이 제자들을 선발하기 전 밤을 새워 기도하셨다는 사실과 왠지 혼자 사역하길 좋아했을 것 같은 사도 바울에게는 너무도 많은 동역자가 있다는 사실(바울서신들은 바울의 동역자들의 이름을 길게 나열하는 문안 인사를 포함한다)은 우리가 동역에 대해 어떤 마음으로 임해야 하는지를 생각하게 한다. 주님의 일은 '함께' 하는 것이다.

그리고 예수님의 제자들은 모두 출신이 다양했다. 그들을 묶어 준 매개의 중심은 바로 예수님이셨다. 우리가 섬기는 믿음의 공동체의 구성원도 다양할 것이다.

그렇다면 로마에 협조하던 세리 마태와 로마에 대항하는 무장봉기를 지향하던 열심당원에 속했던 시몬은 그들이 한 공간에 있을 때마다 어떤 생각을 했을까?

흥미로운 질문이 아닐 수 없으며 예수님이 짓궂어 보이는 대목이기도 하다. 그러나 더 큰 의미가 담겨 있다. 우리는 불편한 대상과 주의 일을 해야 할 때가 있다. 그러나 그들과 조화롭게 일할 근거는 내 성향과 맞느냐 여부가 아니라, 우리의 결정과 행동이 하나님과 믿음에 공동체에 유익하며, 주님을 기쁘시게 하느냐 여부가 될 것이다.

신약성경에는 그들의 불화 이야기가 전혀 없다. 내가 주님의 일을 함께 하는 동료와 불화가 있다면 무엇이 근본적인 문제일까?

3 예수님은 '복'과 '화'라는 두 개의 삶의 선택지를 제시하신다(6:20-26)

🌿 눈으로 읽는 본문

누가복음 6:20-49과 마태복음 5-7장에 비견될 수 있는 훨씬 짧은 설교다. 마태복음의 메시지는 산 위에서 전해졌기에 산상수훈 혹은 산상설교라 불리며, 누가복음의 메시지는 예수님께서 산에서 제자들과 내려오신 후 평지에서 선포하셨기에 평지설교라 불린다. 어떤 이들은 전해진 장소에 의미를 부여하지만, 선포 장소에 과도한 의미 부여를 할 필요가 없기에 메시지에 집중하는 것이 좋다.

다만, 다음과 같이 약간의 차이는 존재한다.

첫째 마태복음의 팔복은 거의 삼인칭으로 되어 있으나(예를 들면, 심령이 가난한 자는 복이 있나니), 누가복음은 '너희'라는 이인칭으로 제자들을 적시하여 일반 사람보다는 제자들에게 주시는 직접적 권고, 곧 제자도에 대한 가르침으로 인식된다.

둘째, 마태복음은 영적인 차원('심령이 가난한 자', '의에 주리고 목마른 자')을 갖고 있지만, 누가복음은 '너희 가난한 자', '지금 주린 자'라는 표현에서 드러나듯이 좀 더 현실적인 결핍을 다루는 경향이 있다.

셋째, 마태복음의 팔복에는 화에 대한 선언이 없는 것과 달리 누가복음의 평지설교는 균형을 이루는 네 개의 '복' 선언과 네 개의 '화' 선언으로 복을 받는 길과 화를 당하는 길을 균형 있게 제시하여 선택을 분명히 요구하는 점이 마태복음과 다르다.[3]

---

[3] R. T. 프랜스, 『누가복음』, 150-151.

네 가지 '복'과 '화'는 가난한 자들, 지금 굶주리는 자들, 지금 슬피 우는 자들, 박해를 받는 이들이 하나님에 의해 복을 받게 될 것이라는 선언과 부유한 자들, 지금 배부른 자들, 지금 웃고 있는 자들, 거짓 선지자들처럼 모든 사람에게 칭찬을 받는 이들은 화를 당하게 될 것이라는 내용이다.

이 두 가지 길은 우리에게 선택지를 앞에 두는 것이다.

고난과 어려움이 예상됨에도 전심으로 하나님 나라에 헌신할 것인가, 아니면 하나님의 궁극적인 뜻보다 현재의 만족을 우선시하면서 세상을 향해 걸어갈 것인가?

부와 특권과 축복만을 선포하는 번영신학과 달리, 좁은 길과 희생을 감당해야 할 이유는 무엇인가?

'복'과 '화' 선언은 본질적으로 세상에서 모든 문제의 해결과 부와 권력과 축복을 누리는 삶보다는 불편함과 억울함을 감수하고라도 가난한 자, 약한 자를 돌보며 하나님의 공의를 펼치고 하늘의 약속과 상급을 바라보는 지혜로운 삶을 선택하도록 한다.[4]

어떤 사람은 악함에도 그가 누리는 복처럼 보이는 현재 상황이 그가 영원에 이르기까지 누릴 수 있는 마지막 복이 될 수 있음을 잊지 말아야 한다.

♥ 마음으로 읽는 본문

유대 사회에서 부는 하나님의 축복을 받았다는 증표이고 가난은 하나님의 저주를 받았다는 표식으로 인식되었다. 특히, 종교적 사회였던 유대 지역에서 십일조도 못 낼 정도로 가난했던 극빈자를 소박한, 천박한 미개한의 의미가 있는 땅의 백성을 뜻하는 히브리어 '암 하아레츠'

---

[4] R. T. 프랜스, 『누가복음』, 154.

(עם הארץ)로 구별하여 무시하고 사람대접도 하지 않았다. 그런데 놀랍게도 예수님은 당시 개념으로는 저주받은 가난한 자들을 복되다 하시고 부자에게는 화를 선언하셔서 당시의 가치관의 뿌리를 흔들어 놓으셨다.[5]

여기서 혹시 나는 그런 부자가 아니기에 '화' 선언과는 무관하다고 생각지 않는가?

'화'로 번역된 헬라어 오우아이(*ouai*)는 공포와 재앙과 재난의 상황을 말한다. 예수님은 그 상황이 부자들을 기다리고 있다고 하신다.

어떤 사람들이 부자일까?

어떤 이는 부자를 이렇게 정의한다.

> 결코 주려 보지 않은 자, 세상에서 웃어야 할 온갖 이유를 가진 자, 사회의 가장 높은 자리에 앉아 칭송과 숭앙의 소리를 듣는 자다.[6]

만약 내가 이런 위치에 있다면, 분명 복이 있는 자다. 그러나 내가 가진 부와 지위와 권력이 나를 향한 하나님의 영원한 보상과 축복을 가로막게 하는 면은 없는지 살펴야 하나님의 화를 면할 수 있다. 따라서 우리는 부자에 대한, 이 엄중한 화 선언 앞에서 우리 자신이 어떤 토대 위에 삶을 건축해 왔는지를 주께서 보여 주시도록 기도해야 한다.

또 자신을 이런 부유함에서 거리가 멀다고 느끼는 이들은 부자에 대한 화 선언에 대해 다음과 같은 생각을 할 수 있다.

'왜 저런 사람이 화를 당하는 것이지?'

'나는 저런 삶을 살아보지 못했는데 나도 그런 복을 누리면 안 되나?

---

5 윤철원, 『누가복음서 다시 읽기』, 137.
6 트렌트 C. 버틀러, 『Main Idea로 푸는 누가복음』, 137.

여기에 대한 답은 가난이 복이라는 예수님의 말씀에 있다. 영원한 복을 받으려면 가난해져야 한다. 물론, 여기에서의 가난에 대한 정의는 단순하지 않다. 우선적으로 실제로 가난한 사람이 하나님의 관심 아래 있고, 그들의 돌봄은 가진 자의 책무로 남겨져 있다.

그러나 가난은 경제적인 범주로만 말할 수 없다. 이를테면 부자는 다음과 같이 정의되기 때문이다.

"거만하게도 하나님의 돌봄을 무시하고 그들이 가진 힘과 특권, 내부자로서의 사회적인 지위로 자신의 안전을 장담하는 자들이다."[7]

따라서 재산의 많고 적음이 아니라 하나님을 염두에 두지 않는 권력의 추구는 우리를 부자가 당하는 화에 밀어 넣는다.

4 예수님은 심지어 원수까지도 사랑하며 그들의 유익을 구할 것을 기대하신다(6:27-49)

눈으로 읽는 본문

이제 다른 사람, 특히 원수와의 관계가 주로 이슈가 된다. 예수님은 "너희 원수를 사랑하며 너희를 미워하는 자를 선대하며 너희를 저주하는 자를 위하여 축복하며 너희를 모욕하는 자를 위하여 기도하라"(눅 6:27)고 하신다. 그리고 그들의 요구가 있다면 그들이 원하는 것 이상으로 들어주라고 하신다.

여기에서 예수님이 요구하시는 것은 인간 사회가 작동하는 본질적인 자기방어적 자기중심적 방식에 도전한다. 사람들에게는 매우 부자연스러

---

7 윤철원, 『누가복음서 다시 읽기』, 139.

운 요구가 될 것이다. 나중에 두 렙돈을 바친 과부에 대한 칭찬도 생존 욕구를 거스르는 헌신의 차원에서 이해될 수 있다.[8]

여기에서 이른바 황금률이 제시된다.

> 남에게 대접을 받고자 하는대로 너희도 남을 대접하라(눅 6:31).

그러나 내가 대접받고자 원하는 수준이 남을 섬기는 분량의 조건이나 기준이 되어서는 안 된다. 우리를 사랑하고 칭찬하고 선대하는 자들에게만 선으로 반응한다면 하나님께 칭찬받을 것이 없다.

하나님은 은혜를 모르는 자와 악한 자에게도 인자하신 분이심을 기억하여 원수를 사랑하고 선대 하며 아무것도 돌려받을 것을 기대치 말고 꾸어주라고 권면하신다. 인간의 계산법으로는 손해인 것 같으나 하나님이 갚아주신다는 약속이다(38절).

♥ 마음으로 읽는 본문

보상과 상급의 기대가 그러한 삶의 주된 이유가 된다면, 우리의 믿음은 부정적인 결과를 가져올 수 있다. 마태복음에 보면 상급을 운운하는 베드로에게 예수님은 먼저 된 자가 나중 될 것이라고 경고하신 까닭이다(마 19:27-30). 그런 맥락에서 누가복음은 사역자는 '나는 무익한 종입니다. 할 일을 했을 뿐입니다'라는 자세를 갖도록 하여 상급에 대한 약속과 은혜를 입은 자의 겸비함이 균형을 이루도록 한다(17:10).

그리하여 황금률의 가르침은 이렇게 정리할 수 있다.

---

[8] R. T. 프랜스, 『누가복음』, 158.

첫째, 우리는 우리가 잘 대접받을 것에 대한 기대에 기초해서 선을 행하면 안 된다(32-35절).
둘째, 우리는 미래에 대한 소망 및 하나님과의 관계에 기초해서 행동해야 한다(35b절).
셋째, 우리의 행동에 대한 궁극적 기초는 하나님의 본성과 행위들이다(36절).[9]

따라서 보상에 대한 기대보다 날마다 하나님의 성품을 닮아가는 것이 건강한 제자도의 근본임을 잊지 말자.

원수에 대한 권면 다음에 이어지는 비판하지 말라는 권고와 형제 눈 속의 티와 우리 눈 속의 들보가 비교하라는 가르침은 우리가 다른 사람을 원수로 여기는 일에서도 나의 잘못에 대해서도 객관적으로 볼 것에 대한 권고로 이해된다.

우리도 누구에게는 원수가 될 수 있다는 점을 생각해 본 적이 있는가?

그리하여 6장은 '원수가 득을 보게 하라. 미움을 사랑으로 저주를 축복으로 핍박과 모욕을 중보 기도로 갚으라'라고 말씀한다.

최근 원수 사랑의 실천 방법에 대해 다음과 같은 의미 있는 글을 읽었다.

> 원수의 명단을 만들라. 그리고 그들 모두를 사랑하고 그들을 위해서 기도함으로써 그 명단에 한 명도 남지 않게 하라.[10]

우리는 '그들이 우리에게 하는 것을 봐서 … ' 라는 전제를 두지만, 하나님은 우리에게 그런 조건을 두신 적이 없으시다.

---

9   데이비드 E. 갈런드, 『강해로 푸는 누가복음』, 319.
10 트렌트 C. 버틀러, 『Main Idea로 푸는 누가복음』, 142.

제7장

우리 눈을 열어 생명을 보게 하시는 예수님 (눅 7장)

🔍 미리 보는 메시지

- 예수님의 권세는 우리가 생각하는 시공간의 한계를 뛰어넘는다.
- 예수님의 긍휼은 너무 큰 절망으로 도움을 요청할 기운도 없는 자에게도 흘러 들어간다.
- 자신의 판단으로 주님의 사역 범위를 제한하면 불신앙에 빠진다.
- 최근 감사와 기쁨이 없다면 다른 사람을 품어주고 용납하지 않은 까닭일 수 있다.

1 예수님의 권세는 우리가 생각하는 시공간의 한계를 뛰어넘는다 (7:1-10)

🌿 눈으로 읽는 본문

예수님이 가버나움에 들어가셨을 때, 어떤 백부장이 자기가 사랑하는 종이 병들어 죽게 되자, 예수님의 소문을 듣고 예수님께 종의 생명을 살려주시길 간청하고자 했다. 그러나 이방인으로 유대인들의 정복자를 대표하는 로마 장교 백부장은 유대인들에게 부탁하는 일이 쉽지 않았을 것이다. 하지만, 그 백부장은 나름 유대인들을 위하여 회당을 지어주는 등 유대인과 우호적 관계를 맺고 있었다.

그리하여 유대인들의 지도자인 장로들을 통하여 예수님께 종의 병 치유를 요청한다. 장로들은 그가 유대인들에게 호의를 베풀었기에 예수님의 치유를 받을 자격이 충분하다고 말한다.

예수님이 백부장의 집으로 발걸음을 옮기시자, 아마도 유대인들이 이방인의 집을 방문하는 일이 종교적으로 부정한 일이 될 수 있음을 알았을 백부장은 서둘러 벗들을 보내어 자신도 수하를 둔 입장에서 말만으로도 명령이 이행되는 것을 알기에 예수님의 권위로 말씀만 하셔도 종의 병이 나을 것이라는 믿음을 전달한다. 백부장은 어떤 영역에서는 장교로서의 자기 권위가 통용되나 생명과 연관되는 영역에서는 자기의 권위가 전혀 쓸모없음을 고백한 것이다.

우리가 가진 약간의 권위를 자랑하다가 내가 어찌할 도리가 없는 인생의 장벽을 만난 적은 없는가?

백부장은 예수님의 권세는 시공간의 한계를 넘어 생명의 영역까지도 전혀 제한받지 않는 권위임을 인정한 것이다. 예수님은 크게 놀라시며 이스라엘 가운데서도 이런 믿음을 보신 적이 없다고 하시며 그 종을 고쳐 주신다.

누가는 이 이야기로 당시 자기들만이 하나님과 가장 가까이에 있다고 생각한 유대인들의 편견과 다르게 이방인들에게도 복음의 문이 열려 있으며, 오히려 그들이 유대인들보다 더 큰 믿음을 가질 수 있다는 것을 보여 준다.

♥ 마음으로 읽는 본문

유대인 가운데 이만한 믿음을 보지 못했다는 예수님의 칭찬 어린 비교는 우리 그리스도인들을 향할 수 있다.

그 근거는 무엇일까?

우리와 비교되는 백부장의 믿음에는 다음과 같은 특징이 있다.

첫째, 주님을 만난 적이 없음에도 소문만으로도 예수님의 능력과 권세를 신뢰한다.
나는 아직도 표적을 요구하던 종교 지도자들처럼 주님께 더 많은 증거를 요구하고 있지 않는가?
둘째, 백부장은 자기 하인의 병 치유를 위해 기꺼이 자신을 낮추었다. 아랫사람에 대한 진정한 사랑이 있을 때만 가능한 일이다.
우리는 나보다 낮은 지위, 능력, 재산을 가진 사람을 돕기 위해 기꺼이 나를 낮추어 부탁한 경험이 있는가?
셋째, 백부장이 회당 건축에 도움을 주었다는 이유로 예수님의 도움을 받을 자격이 있다는 유대 장로들과 달리, 백부장은 자기가 주님께 나아올 자격이 없다고 한다.
주님의 일을 하다가 '내가 누군데~' 하고 자기의 자격을 논하며 소위 '섭섭이 병'에 걸려 있지는 않는가?
주 앞에서는 우리는 아무런 자격이 없다.
넷째, 백부장은 시공간에 구애받지 않으시는 예수님의 권세를 인정했다.
예수님은 아직 끝났다 하지 않으시는데, 내가 먼저 끝났다 하면서 예수님의 능력을 제한하지는 않는가?
다섯째, 백부장은 자기의 권세에 따른 통제권을 내려놓고 예수님의 권위 아래 들어간다.
주님 앞에서도 내가 아직도 주장하고 있는 통제권은 무엇인가?
나의 모든 권세를 내려놓을 때, 주님의 은혜가 임한다.[1]

---

1   참조. 데이비드 E. 갈런드, 『강해로 푸는 누가복음』, 331-332.

2 예수님의 긍휼은 너무 큰 절망으로 도움을 요청할 기운도 없는 자에게도 흘러 들어간다(7:11-17)

눈으로 읽는 본문

예수님이 나인성으로 가실 때 제자와 많은 무리가 동행했다. 행렬을 이룬 것이다. 그때 또 하나의 행렬이 예수님의 행렬과 마주친다. 한 여인의 독자가 죽어 장례를 치르러 가는 행렬이었다. 죽음의 행렬과 생명의 행렬이 만나는 장면이다. 죽음의 행렬은 이제 곧 예수님의 능력으로 생명의 행렬로 바뀌게 될 것이다. 성경에 의하면 객, 고아, 과부는 가장 열악한 환경에 처한 사람의 대명사다. 남편을 잃은 과부는 또 유일한 생계 지원 수단이자 희망인 독자를 잃었다.

근동의 기후와 관련하여 사람이 죽으면 보통 사망 후 24시간 안에 매장했다. 그리고 당시 장례 풍습은 시신을 관이 아닌 사람들이 볼 수 있도록 장례용 널판 위에 놓았다고 한다. 공동묘지는 성 밖에 있었기 때문에 과부 아들의 시신을 매고 가는 이 장례 행렬은 성문이나 마을 경계선 밖으로 나가고 있었을 것이다.

그 성의 많은 사람이 장례 행렬에 참여하며 그 과부를 위로했지만, 과부에게 아무런 힘이 되지 않았을 것이다. 물론, 세상 사람이 베풀어 주는 위로도 큰 힘이 된다. 가끔은 인생의 무게를 털어버리고 일어서게도 해 준다. 그러나 하나뿐인 자식을 잃은 그 여인의 고통을 온전히 해결해 주지는 못했다. 그 여인의 경제적, 법적, 관계적 보호 울타리가 모두 사라져 버린 것이다.

그때 과부를 불쌍히 여기신 예수님이 다가가 "울지 말라" 하시며 관에 손을 대고 말씀하셨다.

"청년아, 내가 네게 말하노니 일어나라!"

그러자 죽었던 청년이 '일어나 앉기도 하고 말도 하여' 예수님은 그 청년을 어머니에게 돌려보내셨다.

💛 마음으로 읽는 본문

물론, 그 청년이 살아난 일이 우리가 말하는 부활은 아니나, 예수님이 죽음을 이기시는 생명의 주인이심을 보여 주기에는 충분한 사건이다. 그런데 여기에는 과부나 다른 사람의 믿음에 대한 언급이 없다. 단지 예수님이 긍휼히 여겨 주신 것이다. 은혜이다.

사람들은 "하나님께서 자기 백성을 돌보셨다"(7:16)고 찬송했다. 하나님께서 자기 백성을 돌보셨다는 말씀은 누가가 좋아하는 말씀이다(1:68; 19:44; 행 15:14).[2] 특히, '돌보셨다'로 번역된 헬라어 어휘는 '돕기 위해 오셨다/방문하셨다'로 번역될 수 있다. 특히, 하나님이 기억하셨다는 뜻을 가진 이름, 사가랴가 생각나는 시점이다.

과부에게 극도의 절망이 찾아왔으나, 예수님은 도움 요청이 없었음에도 죽음을 멈추게 하시고 생명을 불어넣으셨다. 예수님의 긍휼이 삶의 소망이 완전히 끊겨 너무 큰 절망 속에 빠진 이에게 예수님의 주도적인 온전한 은혜가 흘러 들어간 것이다. 모든 것이 은혜다. 그리고 하나님의 아들 되시는 예수님의 권세는 질병과 귀신들림을 치유하시고 죽음을 이기심으로, 삶과 죽음 모두를 통제하시는 분이심을 보여 주신다(7:11-17).

---

2   프레드 B. 크래독, 『누가복음』, 박선규 옮김 (서울: 한국장로교출판사, 2010), 130.

❸ 자기 판단으로 주님의 사역 범위를 제한하면 불신앙에 빠진다(7:18-35)

🍃 눈으로 읽는 본문

감옥에 갇힌 세례 요한은 제자들을 보내어 예수님께 질문한다. "오실 그이가 당신입니까?"(3:20).

세례 요한을 배려한 해석은 이 질문은 요한 자신의 질문이 아니라, 예수님에 대해 확신하지 못하는 제자들의 의심을 불식시키기 위해 예수님에게서 직접 답변을 듣기 위함이라는 것이다. 그러나 문맥은 요한 자신의 의심이라는 인상을 더 심어 준다.

그렇다면 요한이 왜 예수님의 메시아라는 정체성에 대하여 의심을 품었는지 물을 수 있다. 그는 성령으로 예수님의 메시아 되심에 대한 풍성한 계시를 받았던 인물이지만, 예수께서 행하시는 사역은 유대교가 종말론적으로 기대하는 메시아 유형에 부합되지 않았다.

유대교 안에는 여러 메시아관이 존재했지만, 외세의 압제를 무너뜨리고 이 땅에 다윗 왕국의 영광을 재현할 메시아라는 데는 이견이 없었다. 세례 요한의 메시아관도 예외는 아니었다. 회개와 심판을 전하는 그의 메시지 가운데는 하나님의 백성을 압제하던 로마와 외인들에 대한 심판도 포함되었을 것이 자명하기 때문이다. 그리하여 요한도 자기 소견대로 예수님의 역할을 로마와 악인에 대한 공의와 심판으로 한정했을 것이다.

예수님은 세례 요한의 의심에 답변하신다. 앞서 누가복음 4:16에 기록된 이사야서의 메시아 예언에 준하는 예수님의 활동을 기술함으로 예수님은 메시아의 소명에 충실하다고 답변하시면서도 누군가 작은 소망 속에 위로받고 자유와 새 생명을 경험하고 있다면 하나님 나라는 쉼 없이 전진하고 있다고 말씀하신다.

그리고 세례 요한의 구약 시뎁에 머문 메시아관을 에둘러 책망하신다. 세례 요한은 여인이 낳은 자 중에 가장 클지라도 하나님 나라의 실체를 보지 못하는 면에서 하나님 나라에서는 극히 작은 자가 되었던 것이다.

♥ 마음으로 읽는 본문

정의에 대한 나만의 고집이 예수님의 온유함을 비웃지는 않는가?

우리는 억울한 일을 당하나, 그 일이 정의롭게 해결되지 않으면, 곧잘 '세상이 어찌!' 하면서 사회 정의나 공평의 관점에서 세상을 비난하곤 한다.

정의는 반드시 지켜져야 한다. 성경은 끊임없이 정의와 공의를 하수처럼 흐르게 하실 하나님을 찬양하고 고대한다. 그리고 마지막 때에 오실 주님은 심판의 주가 되실 것임을 천명한다.

세례 요한이 '오실 그이가 당신 맞습니까?'라고 질문한 이유가 자기 스스로 심판 날과 재판관이 오고 있다는 것을 선포했음에도 메시아라고 믿은 예수님이 훨씬 더 친절하고 온유하다는 것을 알고 당황했기 때문이라는 해석이 있다.[3] 우리가 살면서 정의의 실현에 대해 끊임없이 노력해야겠지만, 최종적 신원하심은 오직 주께 달려 있다. 지금은 친절과 온유의 시간이다.

그러나 예수님은 부족한 세례 요한의 메시지도 존중하시고 수용하셨다. 그 역시도 진리를 선언하고 있던 까닭이다.

우리는 하나님의 말씀을 대언하는 이들 중 메시지보다는 사람에게 초점을 두어 그들의 부족한 단점을 구실로 그들의 입술로 전해지는 진리마

---

[3] 데이비드 E. 갈런드, 『강해로 푸는 누가복음』, 346.

저 거부하는 일은 없는가?[4]

예수님이 내 시간표와 방법대로 예수님의 역할과 사역을 제한하려 든다면, 우리도 얼토당토않게 '오실 그이가 당신 맞습니까?'라는 의심에 빠질 수 있다. 내 생각과 다를지라도 우리 주위에서 작지만 큰 걸음으로 진행되고 있는 하나님 나라를 찾아 감사함으로 바라보자.

4 최근 감사와 기쁨이 없다면 다른 사람을 품어 주고 용납하지 않은 까닭일 수 있다(7:36-50)

눈으로 읽는 본문

누가는 예수님에 대한 세례 요한의 의심의 이슈에서 이제 죄 많은 한 여인이 향유를 붓는 이슈로 넘어간다.

시몬이라는 이름을 가진 한 바리새인이 예수님을 식사 자리에 초대했다. 그 마을에 죄인으로 간주되는 한 여인이 바리새인의 집에 있는 예수님을 발견하고는 그 앉으신 자리로 향유 옥합을 가지고 와서 눈물로 예수님의 발을 적시고 머리털로 닦아 드리며 그 발에 입 맞추고 향유를 부었다. 예수님을 초대한 바리새인은 그 상황이 마음에 들지 않아 예수님이 참 선지자였다면 죄인인 여인이 그렇게 행동하도록 허락지 않았을 것이라고 했다.

예수님은 한 가지 비유를 들어 말씀하셨다.

---

4 J. S. 스튜어트, 『예수 그리스도의 생애와 교훈』, 김득중 옮김 (서울: 컨콜디아사, 2000), 58-59.

> … 빚 주는 사람에게 빚진 자가 둘이 있어 하나는 오백 데나리온을 졌고 하나는 오십 데나리온을 졌는데 갚을 것이 없으므로 둘 다 탕감하여 주었으니 둘 중에 누가 그를 더 사랑하겠느냐 (7:41-42).

시몬은 많이 탕감받은 자라고 대답한다. 시몬은 예수님을 초대해 놓고도 소홀히 했지만, 그 여인은 자기가 가진 모든 것으로 주님께 감사와 사랑의 마음을 표했다.

예수님은 그 여인에게 말씀하셨다.

> … 네 믿음이 너를 구원하였으니 평안히 가라 … (7:50).

♥ 마음으로 읽는 본문

나는 예수님께 친절한가?

예수님을 자기 집으로 초대했던 바리새인 시몬은 비천한 여인과 격의 없이 어울리시는 예수님이 마음에 들지 않았다. 더 나아가 심중이지만 예수님을 정죄하며 비난한다. 그러자 예수님은 시몬을 꾸짖으셨다.

> … 이 여자를 보느냐 내가 네 집에 들어올 때 너는 내게 발 씻을 물도 주지 아니하였으되 … (7:44).

바리새인 시몬은 손님에게 행해야 하는 최소한의 대접인 발 씻을 물도 예수님께 가져다 주지 않았다. 이는 예수님에 대해 대접할 필요성을 느끼지 못했다는 것을 보여 준다. 그런 마음으로 예수님을 왜 초대했는지는 모르겠으나, 스스로 신앙적으로 자기가 하나님 앞에서 충분히 선하며 용가 필요하지 않는다는 뜻이다.

우리는 어떠한가?
우리의 집에 모신 예수님께 발 씻을 물은 내드렸는가?
예수님은 그리 신경 쓸 정도가 아닌 대상인가?
예수님을 모시고도 남에 대한 정죄가 내 마음에 가득 차 있지는 않은가?

바리새인들은 죄인들의 과거의 삶을 정죄하며 그들이 변화되고 하나님의 자녀가 될 수 있다는 사실을 인정하지 않았다. 그러나 그러한 편견은 바리새인들 자신 역시 회개의 기회를 막아 버리는 결과를 가져왔다. 이 사건은 자기를 의인의 범주에 넣고 남을 판단하는 일에 익숙한 우리를 향한 경고다. 내 판단과 달리 주님 보시기에 나보다 더 큰 믿음의 소유자는 어디에나 존재한다.

과연 예수님을 집에 모시고도 긍휼의 마음보다는 남을 판단하는 일에 몰두했던 바리새인 시몬이 눈물로 은혜에 화답한 그 여인이 경험했던 죄 용서에 대한 감사와 구원받아 누리게 된 무한한 평안을 맛볼 수 있었을까?

제8장

들을 자를 찾으시는 예수님(눅 8장)

🔍 미리 보는 메시지

- 예수님의 사역은 여인들의 동참과 리더십을 통해 사회의 관습적인 장벽을 깨뜨린다.
- 예수님의 말씀을 듣고 반응하여 열매 맺는 사람만이 옥토요, 예수님의 참 가족이다.
- 예수님은 자연과 초자연적 세계 모두를 통치하신다.
- 주님을 향한 믿음만이 우리를 구원하며 소생시킬 수 있다.

1 예수님의 사역은 여인들의 동참과 리더십을 통해 사회의 관습적인 장벽을 깨뜨린다(8:1-3)

🍃 눈으로 읽는 본문

누가는 예수님이 각 성과 마을을 다니시면서 하나님 나라를 선포하시고 복음을 전하실 때 열두 제자와 함께 여러 여인을 동행시키셨다. 특히, 일곱 귀신 들렸다가 고침 받은 막달라 마리아, 헤롯의 청지기 구사의 아내 요안나와 수산나가 자기 소유로 예수님의 선교를 도왔다. 여성들은 사회적으로 거의 무시되어 존재감이 없던 시대에 그 여인들의 이름과 행한 바가 문서에 기록되었다는 것은 그들의 존재가 매우 중요했음과 예수님의 제자로 받아들여졌다는 것을 시사한다.[1]

누가는 사가랴와 엘리사벳, 마리아와 요셉, 시므온과 안나, 나아만 장군과 사렙다 과부의 사례에서 보는 것처럼 세상의 역사와 달리 하나님의 구원사가 전개되는 과정에서 쓰임 받은 하나님의 일꾼을 남녀 모두 균형 있게 배치했다. 8장의 여인들에 관한 기술 또한 하나님 일꾼의 범주에서 여성들을 배제하지 않고 적극적으로 사명자로 드러내기 원했던 그의 의도와 일맥상통한다.

> 그 후에 예수께서 각 성과 마을에 두루 다니시며 하나님의 나라를 선포하시며 그 복음을 전하실새 열두 제자가 함께하였고 (7:1).

학자들은 이 말씀이 가룟 유다 대신 맛디아를 사도로 뽑는 과정에서 사도의 자격을 묘사하는 본문과 거의 일치한다는 점에 주목한다.

> … 요한의 세례로부터 우리 가운데서 올려져 가신 날까지 주 예수께서 우리 가운데 출입하실 때에 항상 우리와 함께 다니던 … (행 1:21-22).

그리하여 누가복음 8:1-3은 여성 사역자를 사도에 준하는 위치에 두고 있으며 예수님의 사역과 제자들의 범위가 넓은 지역과 계층으로 확대되고 있음을 보여 준다.[2]

특히, 눈에 띄는 여인은 헤롯 청지기의 아내 요안나에 대한 언급인데 헤롯의 청지기라 함은 왕궁의 재정을 담당하는 고위직을 말하는 것으로

---

1 윤철원, 『누가복음서 다시 읽기』, 172-175.
2 데이비드 E. 갈런드, 『강해로 푸는 누가복음』, 388.

예수님이 가난한 이들뿐만 아니라 상류층에서도 폭넓게 받아들여지고 있었음을 뜻한다.

이 요안나에 대해서는 구체적으로 알려진 바 없지만, 권력과 재물을 지닌 그녀는 상대적으로 가난하고 지위 없는 이들 사이에서 동화되기 쉽지 않았을 것이고, 그러한 무리와 어울린다는 오명으로 상류층 사람들에게도 오히려 배척당하는 일이 적지 않았을 것이다.

그런데 예수님의 공동체에서 인정받았다는 것은 세상의 평판보다는 주님만을 바라보며 자신의 권세를 내세우지 않고 낮아짐으로 다가가서 낮은 지위의 그리스도인들이 그녀를 기꺼이 동료로 여기기까지 그녀의 헌신과 노력이 어떠했을지를 진지하게 미루어 짐작케 한다.

♥ 마음으로 읽는 본문

당시 여성은 어린아이나 노예와 마찬가지로 존재감이 별반 다르지 않았다. 그러한 시대의 문서가 특정 여성들의 실명을 나열하고, 그들의 역할을 기록했다는 것은 누가의 공동체 안에서 그 여성들의 위치가 어떠했는지를 살피게 한다. 우리는 간혹 하나님을 감당하면서 그 사역의 중추적 인물들을 생각하거나 언급하면서도 상대적으로 어떤 이들의 존재감은 무시할 때가 있다.

그러나 오히려 하나님은 우리가 중요하다고 생각하는 이들보다 우리가 존재를 무시하는 이들의 수고를 더 기억하시고 기뻐하실 수 있지 않겠는가?

8장을 묵상하면서 주변에서 사람들은 무시를 당하면서도 하나님이 기억하실만한 헌신을 감당하고 있는 이들을 찾아 감사를 표하는 것은 어떨까?

2 예수님의 말씀을 듣고 반응하여 열매 맺는 사람만이 옥토요 예수님의 참 가족이다(8:4-21)

🍃 눈으로 읽는 본문

사람들이 예수님께 나아올 때 예수님은 비유로 말씀하시기를 어떤 씨 뿌리는 자가 씨를 뿌릴 때 길가, 바위, 가시떨기 그리고 좋은 땅에 떨어졌는데, 각각의 씨앗은 공중의 새들이 먹어 버리고, 싹이 났다가 습기가 없어 말라버렸으며, 가시가 같이 자라면서 기운을 막았으나, 좋은 땅에 떨어진 씨는 백배의 결실을 얻었다고 하셨다. 이 비유에 대한 설명은 12-15절에 있기에 생략한다.

다만, 제자들이 이 비유의 뜻을 물을 때 예수님의 답변이 의미심장하다. 예수님이 비유로 말씀하심은 그들로 보아도 보지 못하고 들어도 깨닫지 못하게 하심이라 하신 것이다. 비유는 원래 설명을 쉽게 하는 일종의 예화인데 예수님은 오히려 비유를 비밀스러운 메시지를 통해 다른 사람은 알지 못하게 하기 위함이라고 말씀하신 것처럼 보이기 때문이다.

이 말씀은 이사야 6:9의 인용으로, 이사야 선지자가 선지자들을 통해 전해진 하나님의 말씀을 거부하는 이들의 심판에 대하여 예언한 내용이었다. 그러나 분명한 점은 제자들도 그 비유를 이해하지 못했으나 예수님께 여쭈었다는 사실이다.

비유의 비밀은 인간의 노력으로 이해될 수 있는 부분이 아니다. 하늘의 계시로만 가능한 것으로 오직 예수님만이 설명 가능한 부분임을 시사한다. 하지만, 들으려 하지 않는 자들에게는 하늘나라가 숨겨지는 비유의 이중적인 기능이 드러난다.[3]

---

3   대럴 벅, 『누가복음 1』, 1046-1047.

특히, 자라지 않고 열매 맺지 못하는 씨들은 사람들이 예수님의 하나님 나라 선포에 부정적으로 반응하는 것을 나타내며, 특히 세상의 염려와 쾌락이 삶의 중요 부분을 차지하고, 관심의 결여, 부적합한 헌신, 우선순위의 경쟁 등이 장애로 작동한다.[4]

그러나 좋은 땅이 상징하는 성숙한 제자는 "착하고 좋은 마음으로 말씀을 듣고 지키어 인내로 결실하는 자"(15절)라는 말씀이 시사하듯 잠깐의 순종이 아니라 '하나님의 말씀을 듣고, 마음에 간직하며, 삶 가운데 계속 그 말씀을 듣고 들어 그 말씀이 점점 더 삶의 일부가 되게 하는 데 일생을 헌신하는 자'다.[5]

누가는 예수님의 말씀에 대한 들음이라는 주제를 등경 위의 등불 비유로 확대한다. 등불은 그 빛이 감추어지지 않고 드러나게 하는 것이 목적이듯이 사람이 행한 일 중 드러나지 않을 것이 없기 때문에 제자는 주님의 말씀을 삼가 어떻게 들을 것인지를 고민해야 한다.

♥ 마음으로 읽는 본문

누가복음 8장의 핵심 키워드는 '들음'이다.[6] 그러나 그 들음은 귀로 듣는 것이 아니라, 순종으로, 마음으로 기꺼이 몸을 움직이는 몸의 반응으로 듣는 것이다. 하나님의 말씀을 어떻게 듣고 행하느냐가 예수님의 가족을 규정한다. 모두가 하나님의 말씀을 듣지만, 모두가 자신에게 유익하도록 그 말씀을 듣는 것은 아니다.

씨 뿌리는 자의 비유는 하나님 나라의 선포에 대한 사람들의 반응, 곧 듣는 방식에 대한 것이다. 씨는 여러 반응에 대한 상징인데, 결국 그 씨들

---

4 R. T. 프랜스, 『누가복음』, 201.
5 트렌트 C. 버틀러, 『Main Idea로 푸는 누가복음』, 191.
6 조엘 그린, 『누가복음』, 429.

이 열매를 맺지 못한 이유는 예수님보다는 무엇이든 '더 나은' 것을 찾기 때문이다. '더 나은 어떤 것'을 꾸준히 찾는 사람은 그들이 줄곧 어떤 사람들이었으며, 어떤 가치관으로 살아왔는지를 알게 한다.

그러나 예수님의 제자에게 예수님 외에 '더 나은 어떤 것'은 있을 수 없다.[7] 그리고 그 들음과 열매 맺는 순종을 방해하는 것은 나태함이나 개인의 선호 차이뿐만 아니라, 근원적으로 사탄이 개입되어 있다.

최근 사탄의 궤계에 넘어가 예수님보다 더 나은 어떤 것을 찾고 있지는 않는지 분별하고, 바른 '들음'과 주의 나라와 의를 먼저 구하는 순종으로 온전히 열매 맺는 옥토가 되도록 하자.

3 예수님은 자연과 초자연적 세계 모두를 통치하신다(8:22-25)

눈으로 읽는 본문

씨 뿌리는 비유를 토대로 예수님의 말씀에 대한 반응을 언급했던 누가는 이제 예수님에 대한 믿음의 이슈로 넘어가 예수님이 누구이신가를 설명한다.

그 동안의 예수님의 사역은 이방인이 많은 갈릴리 지역이지만, 대부분 유대인이 많은 곳에서 행해졌다. "호수 저편으로 가자"고 하신 예수님의 말씀은 갈릴리 동쪽 해변 이방인 지역으로 가게 됨을 의미한다.

이는 26절에서 명확히 하고 있다.

> 그들이 갈릴리 맞은편 거라사인의 땅에 이르러(눅 8:26).

---

[7] 트렌트 C. 버틀러, 『Main Idea로 푸는 누가복음』, 191.

지금의 사건은 아직 이방인 지역에 도달하기 전 갈릴리 호수 위 선상에서 일어난 일이다. 배에 오르신 예수님이 잠드시자 갑작스러운 돌풍이 몰아쳐 배에 물이 가득 차게 되었고, 목숨이 위태로워지자, 제자들은 예수님을 흔들어 깨웠으며, 예수님은 바람과 물결을 꾸짖어 잔잔케 하셨다. 예수님은 제자들에게 "너희 믿음이 어디 있느냐?" 하고 꾸짖으셨고 그들은 예수님에 대해 "그가 뉘기에 바람과 물을 명하매 순종하는가?" 하고 질문했다.

♥ 마음으로 읽는 본문

예수님은 "너희 믿음이 어디 있느냐?" 하고 꾸짖으셨지만, 예수님을 흔들어 깨운 제자들은 믿고 의지할 구원의 대상을 올바로 찾았다는 점에서 높은 점수를 줄 수 있다. 이 기적 사건에는 흉포한 바다는 단순히 자연 현상만이 아니라 종교적 의미와 마귀의 준동이 연계되는 개념이 있었던바, 자연뿐만 아니라 영적인 영역에서도 주님의 신적인 주권을 말하는 메시지가 담겨 있다.[8]

인생의 풍파 앞에서 우리는 어디에서 답을 찾는가?

도움이 될 만한 사람을 찾아 헤매고 있지 않은가?

우리 인생의 풍파는 오직 예수님만이 잠재우실 수 있다. 그러나 주님과 함께 있기만 하면 안전하다고 생각하는 것은 감상주의에 그칠 수 있다. 제자들이 예수님과 한 배를 탔을지라도 폭풍우를 겪고 있기 때문이다. 우리는 특정 공간이나 상황이 아니라, 어느 순간 어느 공간에서도 예수님을 주목해야 한다. 주님이 "너희 믿음이 어디 있느냐?"라고 하신 질책은 "주

---

[8] 데이비드 E. 갈런드, 『강해로 푸는 누가복음』, 396.

님을 누구라고 생각하며 주님의 어떤 면을 믿고 있는가?"[9] 하는 질문으로 확대된다.

　분명 짚을 것은 그 시간 주님은 폭풍보다 더 큰 분이라는 것이다. 우리 삶의 어떤 풍랑보다도 주님이 더 크시다는 뜻이다.

4 주님을 향한 믿음만이 우리를 구원하며 소생시킬 수 있다(8:26-56)

🍃 눈으로 읽는 본문

　자연에 대한 예수님의 권세를 말한 누가는 이제 예수님의 능력이 미치는 곳을 귀신들림, 질병, 죽음으로 확대한다. 거라사 지역에 도착하자 사람들과 어울려 살지 못하고 무덤가에 거하던 그 지역 출신의 귀신들린 자가 예수님을 만나자고 말했다.

　"예수여, 당신이 나와 무슨 상관이 있나이까? 나를 괴롭게 마소서."

　예수님은 보병 약 6,000명의 군대를 가리키는 레기온이라는 이름을 가진 그 귀신을 명하여 말씀하셨다.

　"그 사람에게서 나오라!"

　그러자 귀신은 더 이상 그 사람 안에 거할 수 없었다. 귀신들은 예수님에 대해 '1:6,000 이상'이라는 자기들의 절대적 수의 우위에도 불구하고 자신들을 언제든 압도할 수 있는 예수님의 권세를 알고 예수님께 청하여 인근의 돼지 떼에 들어가게 해달라고 했다. 그리고 예수님이 이를 허락하자 귀신들이 돼지 떼에 들어가면서 그 사람은 회복되었다.

---

[9] 프레드 B. 크레독, 『누가복음』, 153.

우리는 자주 돼지 떼와 귀신의 관계에 관심을 표명하나 이 사건의 핵심은 군대라는 많은 수의 귀신에게 고통당하던 자가 한 분 예수님의 말씀만으로 귀신에게서 놓임 받고 회복되었다는 점이다. 또한, 학자들은 귀신 들렸던 자가 예수의 발아래 앉은 상황을 제자 됨의 표식으로 이해한다.

반면에 군대 귀신들렸던 자는 그 마을 사람, 곧 가족 내지 친지였을 가능성이 높음에도 마을 사람들은 그의 회복을 반기지 않았다. 다만, 두려움으로 예수님을 떠나시라고 할 뿐이다. 대부분의 학자는 돼지들이 갑작스레 죽어 소유물이 없어진 까닭에 더 이상의 손해가 없도록 예수께 떠나시라고 요청했을 것으로 추측한다.

다른 이들은 초자연적인 것에 압도되어 두려움으로 예수님과 관계 맺기를 원치 않았다고 해석한다. 두 가지 모두를 지적하는 이도 있다. 어떤 이유이든 마을 사람들이 눈앞의 손실 때문에 생명과 회복의 원천이 되시는 보이지 않는 세계까지도 다스리시는 예수님과 그분의 권세를 거부했다는 것은 분명한 사실이다.[10]

예수님이 돌아오시자 무리가 환영하는 가운데 회당장 야이로가 자기 딸의 중병을 고쳐 주시기를 청하여 가시는 길에 혈루증을 앓는 여인이 예수님의 옷자락에 손을 대어 병 고침을 받았다. 예수님은 '누가 내게 손을 대었느냐?' 물으시며 여인 스스로 자신이 행한 일을 모든 사람 앞에 말할 수 있도록 환경을 조성해 주신다.

잠시 지체되는 동안 야아로의 딸의 죽음의 소식이 들려와 야이로가 낙담과 절망에 빠졌으나 예수님은 '두려워 말고 믿기만 하라!' 하시고 절망한 야이로를 채근하여 집으로 가셨다. 집에 이르러서는 장례 준비에 바쁜 이들을 내몰며 "이 아이는 죽은 것이 아니라 잔다" 하시며 손을 잡고 "아이야, 일어서라!" 하심으로 생명을 돌려주셨다. 이 기적 사건은 "그가 뉘

---

[10] 대럴 벽, 『누가복음 1』, 1115.

기에 … "라는 질문에 대한 답이기도 하다.

이 모든 기적 사건은 예수님은 모든 상황에서 모든 개개인에게 완전히 주목하실 수 있으며, 예수님께 나아오는 자는 다 고침을 받으며, 예수님이 개입하시는 한 죽음은 결코 최종적인 단어가 아님을 분명히 한다.[11]

♥ 마음으로 읽는 본문

누가는 들음의 다른 표현은 예수님을 최우선 순위로 여기며 예수님만을 믿어 신뢰하는 것이라고 설명한다. 그러나 그 들음과 믿음은 몇 번의 순간이 아니라 어떤 순간에도 두려워 말고 끝까지 인내하며 예수님을 붙드는 것이다. 예수님은 바다의 광풍을 두려워하는 제자들에게 '너희 믿음이 어디 있느냐?'라고 물으셨고(25절), 혈루증을 앓던 여인을 고치시면서 그녀의 믿음이 구원하였다고 하셨다(48절). 딸의 죽음 소식에 절망한 회당장에게는 두려워하지 말고 믿기만 하라고 하셨다(50절).

즉, 8장은 믿음에 대한 중요한 이해를 담고 있다. 혈루증을 치유받은 여인과 야이로를 통해 누가는 믿음의 중요한 두 가지 측면을 제시한다. 그 여인은 자기의 믿음을 밖으로 드러내도록 요청받았고, 야이로는 결과가 곧바로 드러나지 않아도 인내하며 주님을 신뢰하는 믿음을 갖도록 요청받은 것이다.[12]

믿음은 개인의 내면적 영성만이 다가 아니며, 다른 이 앞에서 주님을 시인하는 것을 포함한다. 그리고 또 믿음은 모든 것이 끝난 것 같은 극단적인 절망에서도 주님이 생명을 일으키실 수 있음을 포기하지 않는 것이다.

---

11 R. T. 프랜스, 『누가복음』, 220.
12 다렐 보크, 『NIV 적용주석: 누가복음』, 329.

이 주님이 우리와 동행하시면서 질병, 귀신들림, 자연, 죽음까지도 이기시는 권능으로 우리가 맞닥뜨릴 모든 문제의 뿌리까지도 해결해 주신다. 이것이 우리가 예수님 외에 더 나은 것을 찾지 말아야 할 이유다. 우리의 연약함을 아는 사탄은 전방위적으로 모든 상황을 동원하여 우리가 예수께 집중하여 듣지 못하도록 방해할 수 있다. 그러나 예수님은 이들을 언제든 무력화하실 수 있으며 이 모든 세력을 물리치실 수 있다.

나는 지금 무엇을 듣고 있으며, 또 누구를 믿는가?

제9장

우리의 헌신을 요구하실 자격이 충분하신 주님(눅 9장)

🔍 미리 보는 9장 메시지

- 그리스도의 헌신된 제자는 온전히 그 사역의 필요를 주님께 의탁한다.
- 예수님은 세상의 모든 사람을 영육 간에 먹이실 능력이 있으시다.
- 우리는 나만의 메시아관에 사로잡혀서는 안 된다.
- 예수님의 변모 사건은 예수님의 영원성을 예표 한다.
- 주님이 주셨던 능력과 권세는 우리의 삶이 그리스도와 같은 방향을 가리키지 않을 때는 작동하지 않는다.
- 예수님은 그분을 따르는 자에게 모든 인간적인 관습을 초월한 완전한 헌신을 요구하실 수 있다.

1 그리스도의 헌신된 제자는 온전히 그 사역의 필요를 주님께 의탁한다 (9:1-9)

🌿 눈으로 읽는 본문

예수님은 열두 제자를 불러 모든 귀신을 제어하고 병을 고치는 능력과 권위를 주시고 하나님의 나라를 전파하도록 파송하시면서 지팡이, 배낭, 양식과 돈을 갖고 가지 말도록 하셔서 가장 기본적인 것만 지참하도록 하셨다. 이 명령의 주안점은 제자로서 살아갈 때, 단순화된 삶을 지향하면서 빵과 같은 가장 기본적인 것도 전적으로 하나님을 의지해야 하고 결과적으로 제자들의 메시지를 받아들이는 사람들이 그 필요를 채워줄 것이라는 가르침에 있다.

그리고 예수님은 제자들이 복음을 전할 때 영접하는 사람의 집에 머물 것이며 영접하지 않는 집에서는 발에서 먼지를 털어 그 집과 아무런 관계가 없음을 증거하라고 하셨다. 한편, '어느 집에 들어가든지 거기 머물라'는 말씀은 각 마을에서 그 마을에서 가장 좋은 집을 일부러 찾아다니거나 처음 영접받은 집보다 더 나은 집을 찾아 돌아다니지 말라는 말씀으로 이해될 수 있다.[1] 은연중 더 나은 대접과 환경을 추구하는 인간의 본성을 염두에 둔 권고다. 우리는 내 이익과 더 나은 대접을 위해 복음을 팔러 다니는 보따리장수가 되어서는 안 된다.

또한, 영접하지 않는 집에서 발을 터는 행위는 제자들의 선포를 거부하는 이들이 부정하다는 뜻이 아니라 거부하는 이들에게 임하는 심판에 대해 제자들이 책임이 없다는 것을 의미한다. 즉, 그 행위는 하나님 나라에 대한 선포를 듣지 않는 이들이 하나님과 분리되어 있다는 것을 표현해 준다.[2] 물론, 나중에라도 그들이 돌이키면 하나님과 다시 연결된다.

♥ 마음으로 읽는 본문

9:1-6의 선교는 단기선교 여행이라는 특수성이 있지만, 하나님의 사역자의 검소하고 단순한 삶의 지침이 된다. 하나님이 도우시고 일하실 수 있는 공간을 많이 내어드리기 위함이다. 모든 것을 갖추고 하려는 시도

---

1 트렌트 C. 버틀러, 『Main Idea로 푸는 누가복음』, 203.
2 대럴 벅, 『누가복음 1』, 1166, 1170.

는 하나님을 제한한다. 물론, 누가는 뒤에서 망대를 세우고 전쟁하는 일은 들 수 있는 비용, 곧 예산과 전쟁에서의 승산을 미리 계산할 것을 요구한다(눅 14:25-35). 하지만, 두 권고는 서로 상충하는 것은 아니다. 철저한 준비는 하되 우리의 역량으로는 감당이 안 되는 부분 앞에서 겸손히 주를 의뢰하라는 권고다.

한편, 예수님의 명을 받은 제자들은 각 마을에 두루 다니며 복음을 전하고 병을 고쳤다. 다만, 이들은 완성된 제자들이 아니었다.

그런데도 예수님이 지금도 그리고 앞으로도 실수투성이일 제자들과 능력으로 함께 하시고 사명을 맡기셨다는 사실은 우리에게 어떤 의미로 다가오는가?[3]

2 예수님은 세상의 모든 사람을 영육 간에 먹이실 능력이 있으시다 (9:10-17)

눈으로 읽는 본문

예수님에 대한 보고를 들은 헤롯은 자기가 죽인 세례 요한이 부활한 것은 아닌가 두려워하며 이 사람이 누군가하고 궁금해했다. 오병이어의 기적 사건은 헤롯 질문의 연장선상이다. 잠시 후 예수님은 사람들과 너희는 각각 나를 누구라고 하느냐를 물으실 것이기 때문이다.

전도를 떠났던 이들이 돌아와 자기들이 행한 모든 것을 보고하자 예수님은 제자들을 데리고 벳새다라는 마을로 떠나셨다. 무리가 예수님 일행을 따라오자, 예수님은 그들에게 하나님 나라에 대해 가르치시고 병을 고

---

[3] R. T. 프랜스, 『누가복음』, 226.

쳐 주셨다.

그러나 날이 저물자, 제자들은 이곳이 빈 들이므로 무리로 하여금 마을로 들어가 각자 먹을 것을 구하게 하자고 했다. 뜻밖에도 예수님은 제자들에게 너희가 먹을 것을 주라고 하셨고, 당황한 제자들은 우리가 떡 다섯 개와 물고기 두 마리밖에 없기에 모든 사람을 먹이기는 불충분하다고 대답했다. 예수님은 무리를 질서정연하게 앉히신 후 오병이어를 갖고 하늘을 우러러 축사하신 후 무리에게 나누어 먹게 하셨더니 다 배불리 먹고 열두 바구니에 담을 만큼 음식이 남았다.

이 사건은 베드로가 그물이 찢어질 정도의 풍어를 경험한 사건(5장)과 함께 언제든 모든 것을 공급하실 수 있는 예수님의 능력을 보여 주는 사건이다. 누가는 8장에서부터 폭풍우를 잠재우시고, 귀신을 쫓아내며 질병을 고치시고, 죽은 자를 살리신 주님이 보여 주시는 능력으로 예수님이 누구신가에 대한 기독론적 답변을 차곡차곡 준비했다.

이어진 오병이어 사건은 구약의 광야 세대의 만나(출 16장), 보리떡 20개로 백 명을 먹인 엘리사의 기적(왕하 4:42-44)과 연계되면서 예수님의 행위를 하나님이 행하신 일과 동일 선상에 놓는다.[4] 그리고 궁극적으로 예수님 자신이 영원한 생명의 떡이 되시는 표상을 준비한다(요 6:30-40, 51).

♥ 마음으로 읽는 본문

또 한편으로는 오병이어 사건은 부족한 자원이 하나님의 일을 가로막을 수 없기에 모든 필요를 능히 공급하실 수 있는 하나님의 섭리와 돌보심에 대한 믿음과 신뢰로 나아가게 하는 이유가 된다. 특이한 것은 예수님의 기적은 제자들의 손에 들린 오병이어를 토대로 이루어졌다는 사실이다.

---

[4] R. T. 프랜스, 『누가복음』, 226.

오병이어의 사건처럼 내 것을 먼저 드리고 하나님의 능력을 구하고 그분이 채우시며 당신을 통해 일하실 것을 기대하라!

구체적으로 오늘 주님을 위해 내가 내놓을 오병이어는 무엇인가?

아울러 온 세상을 향한 선교에 제자 열두 명은 분명 부족해 보인다. 그러나 오병이어의 기적은 예수님의 제자들이 부족한 자신들을 내어놓을 때 하나님은 모두가 흡족해하고 기뻐할 만한 풍성한 선교의 열매를 맺게 하실 것에 대한 예표도 된다.[5]

3 우리는 나만의 메시아관에 사로잡혀서는 안 된다(9:18-27)

눈으로 읽는 본문

예수님이 제자들에게 물으셨다.

"사람들이 나를 누구라 하더냐?"

"사람들이 세례 요한, 엘리야, 옛 선지자 중의 하나라고 하더이다."

제자들은 사람들의 다양한 반응을 고했다. 앞선 헤롯의 질문, 좀 더 앞에서는 세례 요한의 질문(7:19)에서 제기된 '예수가 누구신가'에 대한 답이 이제 구체적으로 이 본문과 변화산 사건(9:35)에서 제시된다.

예수님은 제자들에게도 물으셨다.

"너희는 나를 누구라고 하느냐?"

이에 대해 베드로가 대답했다.

---

5 데이비드 E. 갈런드, 『강해로 푸는 누가복음』, 423.

"하나님의 그리스도(히브리어 메시아의 헬라어 번역으로 '기름부음 받은 자'라는 뜻을 가지고 있다)시니이다."[6]

이 대답을 들으신 예수님은 메시아 되심에 대해 침묵하실 것을 명하시는데, 예수님이 메시아라고 알려지면, 당시 유대인들이 보편적으로 갖고 있던, 로마의 압제를 무너뜨리고 이 땅에 다윗 왕조를 재건할 영광스러운 메시아 상에 대한 기대로 말미암아 예수님이 하고자 하는 사역 자체가 방해될 수 있는 까닭이었다.

그리하여 예수님은 그들의 메시아관과 달리 오히려 하나님의 그리스도에게 임할 일, 곧 인자가 많은 고난을 받고 유대 종교 지도자들에게 버린 바 되어 죽임을 당하고 제 삼일에 부활하실 것을 예언하셨다. 누가복음에 등장하는 첫 번째 수난 예고다. 누가복음 7-9장은 권능을 통해 예수님이 누구신가를 보여 주었지만, 예수님은 그 놀라운 권능을 가지고 계심에도 사람들의 거부에 자신을 겸손히 내어 맡기실 것이다.[7]

또한, 예수님의 고난처럼 무리도 예수를 따르려거든 자기를 부인하고 자기 십자가를 질 때 구원이 임할 것을 말씀하셨다. 우리는 승리부터 확인되길 원하지만, 승리 앞에 희생과 고난이 먼저다. 범사에 하나님을 시인하는 것은 단지 입술의 고백이 아니라 자기를 부인하고 자기 십자가를 날마다 지는 것이다.

온 천하를 얻고도 자기를 잃는다면 무슨 유익이 있을까?

그리고 동일 말씀을 기록한 마태와 마가와 달리 누가만이 '날마다'를 추가하여 매일의 십자가를 강조한다.

영원한 승리를 누리기에 앞서 내가 날마다 져야 할 십자가는 무엇인가?

---

6 R. T. 프랜스, 『누가복음』, 230.
7 대럴 벅, 『누가복음 1』, 1215.

♥ 마음으로 읽는 본문

나는 어떤 예수님을 기다리는가?

나의 필요 곧 세상의 삶을 윤택하게 할 물질적 필요와 명예, 권력을 나에게 가져다줄 그분을 기다리는가?

당시의 메시아관을 바로잡아 주시며, 예수님은 말씀하신다.

"나는 너희가 생각하는 메시아가 아니다. 전쟁에 앞장서 외세를 물리치고 군사적 승리를 가져와 너희의 억울한 마음을 풀어 줄 메시아가 아니다. 그러나 나는 평화의 왕이다. 전쟁이나 싸움을 통해 문제를 해결하는 것이 아니라 고난을 통할 것이며, 나는 물론 나중에는 완전한 승리를 거둘 것이나, 첫 싸움에서 무조건 질 것이다. 그리고 무엇보다도 이 순간 너희가 명심해야 할 말은 내가 죽는다는 것이다.[8]

이러한 나의 운명에도 나를 따라오겠느냐?

기꺼이 먼저 죽고 나중에 살아나는 그 길에 동참하겠느냐?"

이제 우리가 답할 차례다.

가정과 직장과 교회와 사회에서 당장 가시권 안에 있는 승리도 없으나, 오히려 장차 올 승리를 믿음으로 기대하며, 내가 죽으며 날마다 져야 할 고난과 십자가가 있음에도 주님과 같이 가겠는가?

---

[8] 트렌트 C. 버틀러, 『Main Idea로 푸는 누가복음』, 207.

4 예수님의 변모 사건은 예수님의 영원성을 예표한다(9:28-36)

눈으로 읽는 본문

예수님은 "여기 서 있는 사람 중에서 죽기 전에 하나님의 나라를 볼 자들이 있다"라고 수수께끼 같은 말씀을 하셨다. 우선 여기에서 말씀하시는 하나님 나라가 무엇인가에 대한 질문이 먼저 제기된다.

- 미래에 실현될 종말론적이며 완전하고 영광스러운 나라를 가리키는가?
- 하나님 나라에서 영원히 보게 될 영광스러운 그리스도의 모습을 살짝 보여 주는 것을 의미하는가?
- 부활 및 승천한 그리스도의 나라, 곧 교회를 뜻하는가?

이 말씀에 대한 다양한 해석이 있는데, '여기 서 있는 사람들'이란 표현은 예수님이 지금 말씀하시는 하나님 나라가 미래적 종말은 아니라는 근거가 된다. 영광스러운 종말은 만민이 보게 될 사건이기 때문이다. 좀 더 가능성 있는 이해는 제자들 가운데 예수님의 부활 후에 성령의 강림과 함께 교회가 세워지고 복음이 전파되는 것을 볼 자들이 있을 것이라는 예언으로 받아들이는 해석이다.

다른 해석으로는 여기 서 있는 사람이 보게 될 하나님 나라에 대한 언급이 이 본문 바로 다음에 이어지는 변화산 사건을 가리키는 것으로 이해되기도 한다. 변화산 사건은 사람들이 인자가 구름을 타고 능력과 큰 영광으로 오는 것을 보게 될 것(눅 21:27)에 대한 예표가 되는 까닭이다.[9]

---

[9] 대럴 벅, 『누가복음 1』, 1228-1230.

예수님이 베드로와 야고보와 요한을 데리고 산에 올라가 기도하실 때 용모가 변화되고 그 옷이 희어져 광채가 났다. 문득 모세와 엘리야가 나타나 예수께서 장차 예루살렘에서 별세하실 것을 말했다. 깊이 졸던 제자들은 이 광경을 보고는 자기도 무슨 말을 하는지 모르면서 모세와 엘리야가 떠날 때 말했다.

"주여 우리가 여기 있는 것이 좋사오니 우리가 초막 셋을 짓되 하나는 주를 위하여, 하나는 모세를 위하여, 하나는 엘리야를 위하여 하사이다."

그때 구름이 그들을 휘감자 제자들은 구름 속에서 음성을 듣게 된다.

"이는 나의 아들 곧 택함을 받은 자이니 너희는 그의 말을 들으라!"

♥ 마음으로 읽는 본문

모세와 엘리야는 선지자 예수님을 예표하는 구약성경 가운데 가장 중요한 인물이다. 그런데도 그들은 예수님의 임재 앞에서 단순한 증인에 불과하다. 베드로의 정신 없는 말에 하나님은 변화산에서의 하나님 임재를 나타내는 모든 영광을 거두시고 예수님만 남겨 놓으심으로 그들의 그림자적 역할을 말씀하시며 택하신 아들 예수님의 말씀만을 들으라고 하신다.

세상에는 수많은 소리가 있다. 안락과 기쁨을 보장하는 소리다. 그러나 우리가 진정 들어야 할 소리는 주님의 말씀이다.

'여기가 좋사오니!' 하고 주님과 함께 있는 것은 좋아하면서 주님이 가라 하신 곳은 애써 외면하지는 않는가?

주님과 같이 있는 것은 정말 좋은 일이다. 그러나 하나님은 변화산의 모든 영광을 거두어들이시고 예수님의 말씀을 들으라고 하신다. 그리고 그 말씀은 우리에게 다음의 시각을 요구한다.

"하나님과 함께하는 동행은 이 세상에 대해 다른 방식으로 평가할 것을 요구하고 도덕적 가치들에 대해서도 뚜렷하게 구별되는 분명한 관점을 기대한다."[10]

우리 시대로 말하면 이와 비슷한 가르침이 아니었을까?

이제 잘 알려진 거창고등학교의 "직업 선택의 십계"의 일부를 통해 9장의 의미를 살펴보도록 하자.

1. 월급이 적은 쪽을 택하라.
2. 내가 원하는 곳이 아니라 나를 필요로 하는 곳을 택하라.
3. 승진의 기회가 거의 없는 곳을 택하라.
4. 모든 조건이 갖추어진 곳을 피하고 처음부터 시작해야 하는 황무지를 택하라.
5. 앞을 다투어 모여드는 곳을 절대 가지 마라. 아무도 가지 않는 곳을 가라.
6. 장래성이 없다고 생각되는 곳으로 가라.
7. 사회적 존경을 바랄 수 없는 곳으로 가라.
8. 한가운데가 아니라 가장자리로 가라.

---

[10] 다렐 보크, 『NIV 적용주석: 누가복음』, 360.

5 주님이 주셨던 능력과 권세는 우리의 삶이 그리스도와 같은 방향을 가리키지 않을 때는 작동하지 않는다(9:37-56)

🍃 눈으로 읽는 본문

다음날 산에서 내려오시는데 주님을 영접한 무리 중 한 사람이 귀신들린 아이를 제자들에게 고쳐달라고 했으나 고쳐 주지 못했음을 고하자, 예수님은 한탄해 하시면서 그 아이를 고쳐 주셨다. 제자들은 사실 9:1에서 귀신을 쫓아내는 권세를 부여받았었다. 그래서 이 제자들의 실패는 놀랍다.

동일 사건을 기록한 마태복음은 제자들이 믿음이 부족한 탓이라 하고(17:20), 마가는 기도가 부족한 탓이라고 하는데(9:29), 누가는 왜 그들이 귀신을 쫓아내는 데 실패했는가를 설명하지 않는다. 하지만, 귀신을 쫓아내며 병을 고치는 권세와 능력이 한번 주어지면 자동적으로 행사되는 것이 아님을 분명히 보여 준다.[11]

또 하나의 높아지려는 사례, 곧 예수님을 독점하려는 시도가 나타난다. 요한은 예수님과 함께하지 않는 자가 주의 이름으로 귀신을 쫓아내는 것을 금했다. 예수님은 너희를 반대하지 않는 자는 너희를 위하는 자라 하심으로 이웃의 범위를 확대하신다. 편 가르기, 갈라치기에 익숙한 우리에게 주시는 말씀이다.

제자들은 예수님의 고난에 동참하라는 말씀에 관해 묻기도 두려워하고 듣지 않으려 했는데(9:45), 고난은 본인들이 예수님에게서 듣고자 하는 말이 아니었기 때문이다. 결과적으로 자기중심적인 제자들의 모습이 표출되는데, 예수님의 고난과 죽음은 안중에도 없이 누가 더 크냐는 논쟁이 일어났고(9:46) 복음을 받아들이지 않는 사마리아 지역에 불을 내려 심판

11　R. T. 프랜스, 『누가복음』, 240.

하라고 요구할 만큼의 파괴적인 배타성이 드러난다(9:54).

♥ 마음으로 읽는 본문

산밑의 제자들이 귀신들린 아이를 고치는데 실패한 이유를 엿볼 수 있는 사건이 바로 발생한다. 귀신들린 아이를 치유해 주신 예수님이 놀라는 제자들에게 재차 당신에게 임할 수난과 죽음을 말씀하시자, 그들이 그 말씀의 뜻을 묻기도 두려워했다. 제자들은 그들 중 '누가 더 크냐'만을 논쟁할 뿐이었다. 제자들은 예수님의 운명(?)은 알 바 아니고 자신들의 영광에만 생각이 가득 차 있었던 까닭이다.

예수님이 주시는 권능은 기계적으로 그리고 한 번 주어지면 계속 주어지는 것이 아니라, 진정으로 주님의 일을 할 때만이 발휘되는 것이다. 예수님은 높아지려고만 하는 제자들에게 어린아이를 예시로 들면서 누구든지 주님의 이름으로 이런 어린아이를 영접하면 주님을 영접하는 것이요, 너희 모든 사람 중에 가장 작은 그가 큰 자라고 하셨다. 우리가 세상의 기준에 따라 사람을 차별하고 작아보이는 자를 섬기고자 하는 마음이 없으면 주님의 능력과 권세는 우리와 동행하지 않는다.

또한, 유대인들이 여러 차례 예수님을 거부했음에도 야고보와 요한은 동족인 그들에게 한 번도 불을 내려 멸망시키라는 요구를 한 적이 없다. 그러나 그들은 사마리아에 대해서는 극도의 적개심을 표출했다.

우리의 예수 따름이 다른 이에 대한 포용으로 나타나는가, 아니면 여전히 편견에 사로잡혀 배척과 무시와 공격으로 나타나는가?

6 예수님은 그분을 따르는 자에게 모든 인간적인 관습을 초월한 완전한 헌신을 요구하실 수 있다(9:57-62)

🍃 눈으로 읽는 본문

예수님께서 길을 가실 때 예수님을 따르고자 하는 세 사람의 이야기가 나온다.

첫 번째 사람은 어디로 가시든 따르겠다고 했다. 그러나 예수님은 다음과 같이 말씀하시며 짐짓 그의 결심을 만류하셨다.
"여우도 굴이 있고 공중의 새도 집이 있으되 인자는 머리 둘 곳이 없다."
두 번째 사람은 아버지를 장사한 다음에 주를 따르겠다고 하자, 예수님은 말씀하셨다.
"손에 쟁기를 잡고 뒤를 돌아보는 자는 하나님 나라에 합당치 않다."
주를 따르겠다는 선언은 칭찬받아 마땅치 아니한가?
가족을 장사 지내는 일은 유대교 안에서도 그 어떤 일보다 우선순위를 갖기에 합당한 요구로 보인다.
예수님은 왜 그러한 중요한 전통을 무시한 것일까?
세 번째 사람은 주님을 따르되 가족과의 작별 인사를 허락해 달라고 한다. 그러자 예수님은 다음과 같이 말씀하신다.
"손에 쟁기를 잡고 뒤를 돌아보는 자는 하나님 나라에 합당치 않다."
이 말씀은 문자적인 해석보다는 하나님 나라를 좇는 일의 우선성을 강조하는 일종의 은유로 이해해야 한다.

💛 마음으로 읽는 본문

    예수님을 따르겠다는 이들을 만류하신 이유는 무엇이었을까?
    이 사람들이 주를 따르겠다고 고백한 배경을 알려지지 않았다. 하지만, 일시적인 감정으로 제자가 되지 않도록 경계하신 것이리라. 복음 전파 사역은 우리를 흥분케 한다. 그러나 예수님은 인자는 머리 둘 곳이 없다 하심으로 주님을 따르는 길에 결코 편안이 보장되지 않는다고 말씀하신다.
    경제적으로 불편할 수 있고, 사람들이 나를 인정하지 않고 거부당하는 심정적으로 불편할 곳일 수도 있다. 더 나아가 안전도 확보되지 않는다. 주님을 따르는 제자도에는 이러한 불편뿐만 아니라 고난과 함께 죽임을 당하는 것도 포함될 것이다. 따라서 주를 따르겠다는 결단의 고백에 앞서 자신이 가려는 길의 어려움을 한 번 더 고민하라는 말씀이다.
    더욱이 아버지의 장례를 말하는 사람에게 죽은 자로 자기 죽은 자를 장사하게 하라는 말씀은 평범한 랍비 혹은 목회자가 감히 요구할 수 없는 명령이다.
    그러나 예수님은 이런 요구를 내게도 하실 수 있는 분임을 인정하는가?
    이 말씀은 아버지와 어머니를 미워해야 한다는 복음서의 다른 구절들과 일맥상통한다.
    세상에서 가장 기본적인 의무라고 생각되는 일보다도 하나님 나라 선포가 더 우선한다는 이 말씀에 나는 얼마만큼 동의하는가?
    가족과 작별 인사를 먼저 하겠다는 세 번째 사람의 요구에 예수님이 말씀하신 쟁기를 잡고 돌아본다는 어휘는 분사로 구성되어 있다. 한번 힐끗 보는 것이 아니라 계속 돌아봄을 말한다. 일시적 감정으로 주님을 따르겠다고 하고 복음 전파의 거친 환경을 경험한 후, 예수님의 명령이 거북스러워 불만을 품고 세상이 주는 편안함을 그리워하며 세상을 힐끗힐끗 돌아보는 상황을 예상해 보라는 뜻이다.

앞서 말한 대로 우리는 세 사람의 상황을 알 수 없기에 예수님의 거부가 제자가 되고자 했던 그 사람들의 불신앙적 요소 때문이라고 비난해서는 안 된다. 이 이야기들은 예수님의 요구가 사람들이 생각한 것보다 훨씬 파격적으로 새롭고 근본적인 것임을 강조하려 함이다.

즉, 예수님을 따르겠다는 사람들의 문제점보다는 예수님을 따르는 일에는 무엇이 필요하며, 내가 생각했던 것보다는 훨씬 새로운 가치판단과 수행이 수반되어야 함을 강조하는 것이다.

이 세 사람은 곧바로 예수님을 좇았을까?

제10장

구원 받은 기쁨의 눈으로 보게 하시는 하나님 (눅 10장)

🔍 미리 보는 10장 메시지

- 하나님 나라 안에서는 내가 이룬 성취가 구원받은 기쁨을 능가할 수 없다.
- 제자도의 본질은 하나님을 사랑하고 이웃을 사랑하는 것이다.
- 모든 섬김의 방식은 존중받아야 한다.

1 하나님 나라 안에서는 내가 이룬 성취가 구원받은 기쁨을 능가할 수 없다(10:1-24)

🍃 눈으로 읽는 본문

예수님은 70인의 제자들을 따로 세우셔서 둘씩 짝을 지어 앞으로 방문하게 될 동네와 각 지역으로 먼저 파송하셨다. 또한, 그들에게 "하나님께서 추수할 것은 많되 일꾼이 적으므로 추수할 일꾼을 보내 주시기를" 청하라고 하셨다.

예수님은 9장에서 열두 제자를 파송하실 때 세우신 사역 원칙을 이들에게도 적용하셨다. 최소한의 지참물을 가지고 영접하는 집에 머물며 병자를 고치고 "하나님 나라가 가까이 왔다"는 것을 전하라고 하셨다.

다만, 길에서 "아무에게도 문안하지 말라"는 말씀이 추가되는데, 근동 지역의 문화 특성상 길가에서 안부 인사가 길었던 상황을 반영하기에, 이 명령은 문자적으로 이해하기보다는 복음 사역의 긴급성에 대한 과장된 표현으로 보인다. 길가에서 만난 그 누구도 복음을 전할 대상일 수 있기 때문이다.[1]

8절의 "너희 앞에 차려놓은 것을 먹고"라는 말씀은 유대인이었을 제자들이 이방인이 내놓은 식사를 부정하다 하지 말고 먹으라고 명령하심으로 이방인 선교를 저해하는 규정에 얽매이지 말 것에 대한 가르침으로 이해할 수 있다.

복음을 거부하는 동네에 임할 심판을 말씀하시면서 고라신과 벳세다가 그러한 동네가 될 것이라고 말씀하신다. 고라신에 대해서는 연유를 알 수 없으나 벳세다에 대한 언급은 흥미롭다. 벳세다는 바로 얼마 전 예수님의 오병이어가 베풀어진 지역으로 아마도 그 소식이 벳세다 전역에 전해졌을 것이고 그 외에도 수많은 기적이 베풀어졌으나 그들은 복음에 대해 부정적으로 반응했던 것으로 보인다.

많이 맡긴 자에게는 많이 요구하실 것이다. 주님께 많은 특전을 누렸던 성읍들은 하나님의 호의를 무시하는 일로 더 큰 화를 당하게 될 것이다.

♥ 마음으로 읽는 본문

10장의 이 부분은 짧은 기간의 파송이지만, 제자 파송 설교로 불린다. 제자의 본질적 역할 중 하나는 파송되는 것이다.

---

1 R. T. 프랜스, 『누가복음』, 249.

나는 주께 보냄 받은 삶을 살고 있는가, 아니면 한 번도 파송된 적이 없는가?
아니 주님은 파송하셨음에도 내가 아직 떠나지 않고 있는 것은 아닌가?
오늘 내가 말씀을 읽는 것은 어디로 파송되기 위함인가?

화에 대한 선포는 대부분 나를 비껴가는 것으로 생각하기 쉽다. 우리는 남보다 더 많은 은혜를 입게 되길 소망한다. 그러나 많은 은혜에는 많은 책임이 따른다는 것을 곧잘 망각한다.
순전한 마음으로 내가 받은 은혜가 크다고 고백할 때, 과거나 최근에 내가 일부러 내버려두거나 무심히 이행하지 않았던 내 책임은 무엇일까?
파송되었던 70인이 돌아와 예수님께 귀신들이 자기들에게 항복했다고 기뻐하며 선교 보고를 했다. 예수님도 사탄이 하늘로부터 번개같이 떨어진 것과 사탄의 나라가 붕괴되고 있음을 보셨다고 말씀하신다(참조. 사 14:12). 그러나 귀신들의 항복보다 그들의 이름이 하늘에 기록된 것을 기뻐하라고 하셨다.
지상 사역의 성취도 감사할 일이나 자칫 자랑과 교만으로 이끌 수 있기에 사역에서의 성공을 내가 구원받은 기쁨 이상으로 의미 부여를 할 필요가 없다.
이 세상의 그 어떤 일도 우리가 구원받은 것보다 더 큰 기쁨은 없다는 말에 동의하는가?
쉽게 동의가 안 된다면 이유가 무엇일까?

2 제자도의 본질은 하나님을 사랑하고 이웃을 사랑하는 것이다(10:25-37)

✎ 눈으로 읽는 본문

어떤 율법사가 예수님을 시험하려고 물었다.

"내가 무엇을 하여야 영생을 얻으리이까?"

예수님은 율법사에게 되물으셨다.

"율법에 무엇이라 기록되었으며 네가 어떻게 읽느냐?"

"주 너의 하나님을 사랑하고 또한 네 이웃을 네 자신 같이 사랑하라 하였나이다."

예수님이 그의 대답이 옳다고 하시며 그리 행하라고 하셨으나 율법사는 물러서지 않고 다시 물었다.

"그러면 내 이웃이 누구니이까?"

이에 대해 예수님은 우리가 잘 아는 선한 사마리아인의 비유를 통해 답하신다. 이 비유는 예수님의 제자들이 실행할 윤리에 대하여 말씀하신다. 이 비유는 너희도 가서 이와 같이 행하라는 말씀으로 결론이 나기 때문이다.

그렇다면 우리는 무엇을 행해야 할까?

강도 만난 자의 민족적 정체성에 대해서 비유에서는 언급되지 않지만, 유대인으로 추정된다. 그러나 그는 자기를 돕는 이가 유대인이든 사마리아인이든 구별할 상황이 못 된다. 살기 위해서는 누구의 도움이든 받아야 했다. "은혜는 그것을 받아들이는 것 외에는 다른 대안이 없는 사람들에게 임한다"라는 말이 있다.[2] 다른 사람의 도움은 절대 안 받겠다는 사람들도 더러 있다. 그러나 인생은 서로 도움을 받으며 살아가는 것이다. 인

2　데이비드 E. 갈런드, 『강해로 푸는 누가복음』, 499.

생은 원래 그런 것이다.

다만, 우리는 내가 도울 자를 내가 결정하겠다는 오만을 버리고 주님이 돕도록 우리 눈에 보게 하신 이를 무조건 도와야 한다. 선한 사마리아인의 행동은 이웃사랑이 무엇인지를 보여 준다. 우리는 도울 자에 대해 이유를 불문하고 편견 없이 도와야 하며, 우리의 재물이 그러한 목적으로 사용되어야 한다.

예수님의 "강도 만난 자의 이웃이 누구냐?"라는 질문은 우리가 도울 자를 우리가 정할 자유가 없으며, 어려움을 당한 자는 무조건 우리의 도움을 요구할 자격이 있는 자로 말씀하신 것이다.

♥ 마음으로 읽는 본문

원수 사랑이 수반되는 '너희도 가서 이와 같이 행하라'라는 예수님의 명령에 도와야 할 상대가 마음에 들지 않아 '왜 그래야 합니까?'라고 이의를 제기하는 사람은 하나님의 진정한 은혜를 모르는 사람이다. 무엇보다도 이 율법사는 자기를 옳게 보이려는 사람이었다. 그는 율법에 대해서 자신감이 넘치며 아마도 하나님 앞에서도 사람들 앞에서도 자신을 향한 칭찬과 환호가 당연하다고 생각한 사람이었을 것이다.

'내 이웃이 누구입니까?'라는 질문은 역으로 내 이웃, 곧 내 사랑의 자격이 없는 사람이 있다는 사고를 전제로 한다. 우리의 알량한 의를 통해서 내 이웃의 한계를 정하는 일은 하나님의 온전한 의의 관점에서 나 역시도 하나님의 사랑을 받을 자격이 없는 대상일 수 있다는 것을 잊은 처사다. 우리는 이웃을 가릴 자격이 안 되는 존재임을 알 때 구원이 임한다.

세상 모두가 외면할 때, 이것저것 따질 처지가 안 되는 상황에서 주님이 우리의 손을 잡아 주신 경험이 있는가?

이것이 우리가 다른 사람을 차별 없이 도와야 할 이유다.

그리고 내가 도우리라고 꿈에도 생각지 않았던 이가 나의 도움으로 인해 크게 놀라 감동한 적은 없는가?

없다면 내가 이제 그러한 이웃이 되어야 한다. 상대방이 내 도움의 대상으로 합당한 지를 따지기보다, 도움이 필요한 사람의 손을 차별 없이 먼저 손을 내밀어 잡는 이웃이 되는 것, 이것이 주님의 명령이다(10:37).

이 비유 이전에도 예수님은 오병이어의 기적을 통해 편견에 사로잡히지 않는 세상을 보여 주셨다. 바리새인들은 예수님에 대해 음식을 먹기 전 손을 씻지 않는 것과 죄인들과 어울리는 것에 대해 비난하고, 하나님 앞에 자신을 높여 상석을 좋아했다.

오병이어의 기적은 이 모든 오만한 생각을 일격에 무너뜨린다. 하늘의 식사가 제공되는 빈 들에는 남자만 오천 명 되는 인원이 정결 의식을 위해 손을 씻을 물이 없었으나, 하늘의 은혜가 임했고, 떡을 받기 위해 오십 명씩 모여 앉는 자리에는 상석이 없었다. 그곳에 모인 사람들은 신분, 재산, 국적, 성별을 차별함 없이 함께 하늘의 음식을 나눠 먹었다.

하늘의 생명의 떡을 받아 드는 우리는 모두 하나님 은혜의 수혜자일 뿐 감히 남을 판단하고 누구보다 우월하다고 주장할 수 있겠는가?

다시 제자도의 본질은 하나님을 사랑하고 이웃을 사랑하는 것이다. 그리고 그 이웃은 내가 정하는 것이 아니라 필요로 하는 사람이 이웃을 정할 수 있다. 원수 사랑이 우리의 사랑을 검증한다. 필요를 채우는 구체적인 방식으로 이웃에 대한 사랑을 보여 주라.[3]

---

3 트렌트 C. 버틀러, 『Main Idea로 푸는 누가복음』, 246.

③ 모든 섬김의 방식은 존중받아야 한다 (10:38-42)

🖋 눈으로 읽는 본문

목회자가 심방을 다닐 때, 교인들 가정을 두루 똑같이 생각하지만, 예의에 벗어나지 않도록 조심하는 경우가 대부분인데, 일부 어떤 가정은 "집사님, 여러 집 심방 하느라 발이 좀 부었네요. 발 좀 뻗고 쉴게요" 하면서 조금 더 편하게 생각하는 가정이 있기 마련이다. 아마도 마르다와 마리아 그리고 나사로 등 세 오누이가 살던 그 집도 유독 예수님이 마음 편하게 생각하셨던 가정이 아닐까 싶다.

예수님이 그 집을 방문하시자 마르다가 예수님 대접에 손과 발 그리고 마음이 분주하다. 그러나 바쁜 자기를 돕지 않고 예수님 무릎 발치에서 노닥노닥하는 것으로 보이는 마리아가 밉상이다.

아마도 볼멘소리로 이렇게 말했을 것이다.

"예수님! 쟤 좀 혼내 주세요. 내가 이렇게 바쁜데 돕지도 않잖아요!"

그러자 예수님 이렇게 대답하셨다.

"마르다야, 네가 전혀 중요치 않은 많은 일로 염려하고 있구나. 마리아는 이 한 가지 좋은 편을 선택하였으니 그 선택한 바를 뺏기지 아니하리라."

대부분 사람은 마르다에 더 공감할 것이다. 이 사건은 우리로 그저 웃음 짓게 만드는 상황일 수 있으나 훨씬 더 중요한 의미가 있다.

고대 사회에서는 남자의 공간과 여자의 공간이 분리되었으며, 남자들의 시중을 들 때만이 여성들이 남자의 공간으로 건너갔다가 바로 돌아 나왔다. 그러나 마리아는 남자의 공간에 있었으며, 특히 어떤 사람의 발치에 앉는다는 것은 제자가 된다는 의미였다.[4] 마르다는 자기 방식으로 예수님을 섬기길 원하면서 자기 동생 마리아의 섬김의 방식을 비난하는 실수를 범한다. 마르다는 마리아가 자기와 같길 바라며 마리아를 판단한다. 예수님을 섬기는 방식은 내가 가장 잘 안다는 태도다.

물론, 이 이야기는 행동보다 사색이 더 우월하다는 의미가 아니다. 예수님은 마르다가 대접을 소홀히 하지 않으려는 노력을 비난하신 것이 아니다. 분주하게 일하는 것 때문에 조바심하고 불평하는 것에 대해 꾸짖으신 것이다. 크게 중요치 않은 일을 하면서 가장 중요한 일을 무시할 위험이 있는 것이다.[5]

♥ 마음으로 읽는 본문

마르다는 손님을 대접하는 일에 몰두하다 손님과의 교제가 더 중요한 일임을 잊어 버렸다.[6] 예수님의 음식은 하나님의 일이라는 말씀은 우리가 주님의 음성을 듣고 실행하는 것이 예수님께 어떤 의미인지를 생각게 한다.

"예수님의 발 앞에 앉으라. 그리고 그분의 가르침을 배우고 실행하라. 그것보다 더 귀한 음식은 없다."[7]

이는 마르다의 일이 중요하지 않다는 것이 아니다. 그리고 사색과 묵상이 몸의 섬김보다 우월하다는 뜻도 아니다. 남을 대접하는 일과 주께 말씀을 듣는 일은 모두 중요하다. 상황에 따라 무엇이 더 우선순위인지를 깨닫도록 주님의 지혜를 구해야 한다.

4　데이비드 E. 갈런드, 『강해로 푸는 누가복음』, 504.
5　R. T. 프랜스, 『누가복음』, 275.
6　데이비드 E. 갈런드, 『강해로 푸는 누가복음』, 304-306.
7　대럴 벅, 『누가복음 2』, (서울: 부흥과개혁사, 2017), 142.

> 만일 우리가 마르다를 너무 엄하게 비난한다면 마르다는 봉사를 아예 포기할 것이고, 마리아를 지나치게 칭찬한다면 마리아는 그곳에 영구히 앉아 있게 될 것이다. … 언제, 어떤 것을 해야 하는지를 아는 것은 영적 분별의 과제다.[8]

내가 낫다고 생각한 섬김보다 행동에 앞서 주님이 무엇을 더 기뻐하시는지를 살펴야 한다.

··· 잠깐 상식! 〈이스라엘과 사마리아가 서로 원수가 된 이유〉 ···

유대인과 사마리아인의 적개심에는 뿌리 깊은 역사가 있다.

첫 번째 단계는 기원전 722년 북이스라엘이 아수르에 의해 멸망한 후 발생했다. 당시 아수르는 피정복민에 대한 민족 말살 정책의 일환으로 강제 이주 정책을 시행했다. 그 결과로 많은 이가 외국에 포로로 끌려갔고, 또 다른 외국에서 끌려온 이들로 인해 이스라엘 안에 문화와 종교적 혼합 그리고 이민 족과 이스라엘 사람의 잡혼이 발생하여 남유다 사람들의 입장에서는 북이스라엘을 더 이상 하나님의 백성으로의 정통성을 상실한 부정한 자들로 배척하기 시작했다. 그리고 그들을 부정적 의미로 '사마리아인'이라고 불렀다.

두 번째 단계는 남유다 역시 기원전 587년 바벨론에 의해 멸망한 후 약 70년의 포로 생활에서 귀국하여 예루살렘 성전과 성벽을 재건하려 할 때, 사마리아인들이 유대인으로서 동참하려고 했으나 돌아온 이들이 그들의 참여를 거부하여 적개심이 심화되었다.

---

[8] 프레드 B. 크레독, 『누가복음』, 199.

세 번째 단계는 예루살렘 성전에의 참여가 거절된 사마리아 사람들이 자기들만의 성전을 그리심산에 세웠으나, 하나님의 성전이 두 개 있을 수 없다고 하여 유대 왕 힐카누스가 기원전 2세기 군대를 이끌고 가서 그리심산에 세워진 성전을 파괴해 버렸다. 기원후 1세기에도 적지 않은 충돌이 있었고 유대인들은 공적 예배에서도 공개적으로 사마리아인들을 저주하는 등 극도의 적개심으로 두 그룹은 서로 만남을 피했다. 그래서 복음서 안에서도 유대인과 사마리아인의 적개심이 공공연히 드러났던 것이다.[9]

---

9 김득중, 『복음서의 비유들』 (서울: 컨콜디아서, 1999), 238.

제11장

구하는 자에게 성령을 주시는 하나님(눅 11장)

🔍 미리 보는 11장 메시지

- 주기도문은 우리의 기도를 위한 올바른 균형의 모범이다.
- 그리스도인은 겉과 속이 같아야 한다.

1 주기도문은 우리의 기도를 위한 올바른 균형의 모범이다(11:1-36)

🍃 눈으로 읽는 본문

예수님이 기도를 마치시자마자 제자들은 기도에 대해 가르쳐 주시길 요청한다. 이는 그들이 기도하는 법을 몰랐기 때문이 아니라, 예수님의 기도 생활에 깊은 인상을 받았기 때문이다(3:21; 5:16; 6:12, 27-28; 9:18, 29; 10:2; 18:1-14; 22:32, 39-46; 23:46).

제자들의 요청에 예수님은 우리에게 익숙한, 이른바 '주기도문'과 '기도에 대한 비유'를 통해 기도의 모범을 깨우쳐 주신다. 예수님의 기도 내용과 연계성을 찾아 11-12장을 연결하여 다음과 같이 재구성해 보았다.

첫째, "아버지여, 이름이 거룩히 여김을 받으시오며"

예수님이 기도의 시작으로 하신 이 말씀은 하나님의 아버지 되심과 엄위하심이라는 중요한 두 가지 개념이 균형 있게 제시된다. 신의 심기나 비위를 거스를까 두려워하며 온갖 미사여구로 신의 이름을 목 놓아 불렀던 고대 세계의 이교도들과 달리, 예수님은 '아버지'라는 칭호면 충분하다고 가르치신다.[1]

누가에게 있어 하나님은 사랑, 자비, 호의, 용서의 마음으로 실족한 자도 반드시 찾아내어 회복시켜 주시는 분이다(6:36; 12:30; 15:11-32; 23:34). 사람도 아무리 귀찮은 상황에서도 간청하는 요구에 그 소원을 들어주고, 자녀에게는 본인이 줄 수 있는 최상의 것을 주는 마음이 있다.

누가는 하나님의 우리 아버지 되심에 대해 우리의 머리털까지 세실 만큼 우리의 모든 것을 아는 분이며 인간 아버지보다 더더욱 우리에게 좋은 선물을 주시는 자애로운 분이시고, 특히 모든 것이 합력하여 선을 이루게 하시는 성령을 주시는 분으로 소개한다(11:5-13; 12:7; 롬 8:26-28).

그런데도 우리는 주님의 거룩하심과 엄위하심을 기억하며 경외함으로 하나님께 나아가야 한다(참조. 전 5:2). 하나님은 자상한 아버지이시면서 또한 영육 간의 모든 존재를 살리기도, 멸하기도 하시며 마지막 때에 모든 이의 삶을 심판하시는 경외와 두려움의 대상이시기 때문이다(12:1-5, 41-48).

둘째, "나라가 임하시오며"

이 기도는 하나님의 약속하신 통치가 온전히 실현되고 완성되는 것을 소망하고, 궁극적으로 모든 악의 세력과 사악함이 제거되고 하나님의 공의가 강같이 흐르는 나라를 대망한다. 그리고 하나님은 기꺼이 믿는 우리에게 그 나라 주시기를 기뻐하신다(12:32). 그 나라는 예수님의 재림과 함께 완성되겠지만, 이미 시작되었다(11:15-22).

---

1 데이비드 E. 갈런드, 『강해로 푸는 누가복음』, 513-514.

예수님을 시험하는 이들이 예수님이 귀신의 왕 바알세불의 힘을 힘입어 귀신을 쫓아낸 것이라고 폄훼하자, 예수님이 사탄과 귀신들이 스스로 분쟁하면 그 나라가 온전히 서겠는가를 물으시며 예수님은 하나님의 손을 힘입어 귀신을 쫓아내시기 때문에 너희 가운데 이미 하나님의 나라가 임하였다고 하신다.

하지만, 하나님 나라가 온전히 임하기 전까지는 당분간 귀신들의 활동은 계속될 수 있기에 하나님 나라에서 거하고자 하는 자는 예수님을 향한 일시적인 순종에 멈추어서는 안 된다. 쫓겨 나갔던 귀신이 일곱 귀신을 데리고 들어와서 상태가 더 악화되듯, 지속적으로 주께 순종의 삶을 살지 않으면, 우리의 중심이 빈집이 되고 악이 쉽사리 점거하여 우리의 삶을 이전보다 훨씬 피폐하고 혼돈된 삶으로 몰아간다(11:24-26).

따라서 우리의 중심은 빈집이 되어서는 안 되며, 예수님의 광채와 말씀이 우리 영혼과 삶을 가득 채우게 될 때 우리는 하나님 나라에 속하게 된다(11:33-36).

셋째, "우리에게 날마다 일용할 양식을 주시옵고"

이 간구는 하루 한 끼를 걱정해야 했던 1세기 사람들의 실제적 필요를 위한 기도이자, 우리가 영육 간에 살아갈 힘과 능력에 대한 간구이기도 하다. 우리는 이 필요를 위해 간절히 구하고, 찾고, 두드리는 심정으로 이 기도에 임해야 한다(11:9-10).

그러나 12장에 등장하는 어리석은 부자처럼 자기 탐닉에 빠지기보다는 구하기 전에 우리의 필요를 아시는 하나님을 기억하며 먼저 그의 나라를 구해야 한다. '우리'라는 표현이 나타내듯, 개인의 필요를 구하는 것에 그치지 말고, 공동체 의식을 갖고 그리스도인이든 비그리스도인이든 도움의 손길을 필요로 하는 이들을 구제하고 살피면서 돌보아야 할 것이다(12:22-34).

넷째, "우리가 우리에게 죄지은 모든 사람을 용서하오니 우리 죄도 사하여 주시옵고"

하나님의 용서는 우리가 다른 사람을 용서하는 것에 달려 있다는 의미가 아니다. 우리는 모두 죄인으로서 하나님의 은혜로만 살 수 있다는 것을 인정하며 우리가 다른 사람을 용서할 마음의 준비가 되어 있지 않다면, 하나님의 우리를 향한 용서도 구하거나 기대해서는 안 된다는 의미다. 용서는 우리와 다른 이들을 과거에 매이지 않게 하고 주께서 주시는 자유로 미래를 향해 나아가게 한다.[2]

다섯째, "우리를 시험에 들게 하지 마시옵소서"

이 간구는 주님의 제자들이 죄의 세력에 굴복하지 않도록 하나님의 도우심을 구하는 것이다. 누가는 제자들에게 다가올 시험의 범주를 11-12장에 걸쳐 다음과 같이 설명하며 이를 이길 수 있게 해 달라고 요청한다.

- 표적을 구하는 시험(11:29-32)
- 교만과 위선에 대한 시험(11:37-44)
- 박해 앞에서 주를 부인 하는 시험(12:8-12)
- 탐욕의 시험(12:13-21)
- 염려에 대한 시험(12:22-25)
- 주인이 더디 온다는 이유로 깨어있지 못하고 잠드는 시험(12:37-48)
- 주님보다 사람을 우선하려는 시험(12:51-53)

예수님이 가르쳐 주신 기도에 비추어 볼 때, 오늘 내 기도는 세상 사람처럼 내 손에 채워질 것만을 바라보는 기도인가? (12:30)

---

2 데이비드 E. 갈런드, 『강해로 푸는 누가복음』, 517.

아니면 하나님 나라를 먼저 구하며 선포하는 지혜롭고 진실 된 청지기의 기도인가? (참조. 골 1:14; 눅 12:42).

여섯째, "성령을 주시옵소서"

예수님은 밤중에 찾아온 친구를 위해 떡을 구하는 사례를 통해 끈질긴 간청함이 기도에 필요하며, 구하고, 찾고, 두드리는 자에게 하나님은 응답하심을 가르치신다. 또한, 아버지가 악할지라도 자식에 좋은 것을 기꺼이 준다면, 하늘 아버지께서는 구하는 자에게 성령을 주실 것으로 말씀하신다.

마태는 병행 본문에서 하늘 아버지는 '좋은 것'을 주시는 분으로 묘사한다(7:11). 누가복음과 사도행전에서 성령은 성도와 교회와 동행하시며 모든 것을 해결해 주시는 권능자로 등장한다.

♥ 마음으로 읽는 본문

기도는 감사다. 기도할 때 우리는 믿음으로 행동하며, 그 믿음은 다음과 같은 고백을 담고 있다.

첫째, 하나님이 존재하시며, 듣고 계시다는 것
둘째, 하나님은 선하시다는 것
셋째, 하나님은 항상 후하시고 지혜롭게 응답하시는 신뢰할 수 있는 분이라는 것

기도는 어떤 간구를 하든 감사하는 것이다.[3]
그리고 무엇이 내게 최상인지는 하나님만이 아시고 그분만이 주실 수 있다. 내게 무엇이 좋은지는 간구하는 사람의 욕심이 결정하지 않으며 하

3　R. T. 프랜스, 『누가복음』, 277.

나님이 결정하신다.

우리는 자기도 모르게 해롭고 하나님의 뜻이 아닌 것을 정답인 양 구할 수 있다. 예컨대, 어린 자녀가 무언가를 달라고 아무리 요구해도 그것이 해로운 것이라면 절대로 주지 않는 것이 부모의 지혜다. 하나님은 지혜로운 부모보다 무한히 더 지혜로운 분으로 우리에게 해가 될 만한 요청들은 절대 들어주지 않으신다. 누가는 하나님이 구하는 자에게 최고의 선물인 성령을 주실 것이라고 한다. 성령은 하나님의 지혜이자 능력이다.

시편 51편은 다윗이 우리야의 아내를 범한 후, 나단 선지자가 심판의 메시지를 전하자 읍소하며 하나님께 드린 기도문이다. 여기에서 우리가 눈여겨보아야 할 것은 다윗의 간구다.

> 나를 주 앞에서 쫓아내지 마시며 주의 성령을 내게서 거두지 마소서(시 51:11).

그는 하나님의 심판은 어떤 것도 감내할 수 있으나 왕위만은 지켜달라, 왕궁의 보물만큼은 지켜달라, 군대만은 지켜달라, 세상적인 것을 거두지 말라고 기도하지 않았다.

왜일까?

우리 인생의 주변적인 여건은 있다가도 없고, 없다가도 있어 언제든지 변할 수 있지만, 하나님만 계시면 언제든지 어떤 낙망적인 상황에서도 새로이 시작할 수 있으며 하나님 안에서의 우리 분깃을 지켜 주셔서 구원의 즐거움을 회복시키는 분이기 때문이다.

❷ 그리스도인은 겉과 속이 같아야 한다(11:37-54)

🖋 눈으로 읽는 본문

한 바리새인이 예수님께 자기와 함께 점심 드시기를 청했다. 예수님이 그 사람의 집에 앉으셨을 때, 점심 드시기 전에 손을 씻지 않으시자, 그 바리새인이 이상하게 여겼다. 예수님은 조금 전까지 귀신들린 자와 무리와 접촉하셔서 정결법상 부정한 상태였다. 예수님은 바리새인들의 위선과 과도한 율법에의 집착을 꾸짖으셨다.

외양은 번드레하나 하나님이 중히 여기시는 내면에는 별반 관심을 두지 않은 까닭이다. 특히, 십일조를 예로 드셨다. 십일조는 하나님의 분명한 명령(레 27:30-33; 민 18:12; 신 12:6-9; 느 10:37-38 등)이었으나 바리새인들은 성경에 명하지 않은 약초와 채소의 적은 양에 대한 십일조는 계산하면서도 가장 중요한 명령인 하나님을 사랑하고 이웃을 사랑하라는 명령은 무시했다.

십일조는 규정을 준수하는 것도 중요하지만, 못지않게 공의와 하나님에 대한 사랑도 중요하게 여기며 구제를 열심히 하다 보면 사소한 율법을 매이는 것이 아닌 율법의 본질을 지키게 될 것이라는 가르침이다. 공의와 사랑에 기초한 구제는 사회적 약자를 위해 자신을 내어놓기에 탐욕을 씻어내어 내면을 깨끗하게 하는 가장 좋은 길이 될 것이다(참조. 레 19:18; 신 6:5; 암 5장; 미 6장).[4]

또한, 바리새인들은 하나님에 대한 열심을 모양내지만, 회당의 높은 자리와 시장에서 문안받는 것을 좋아하여 다른 사람은 낮추어 보는 경향이

---

[4] 데이비드 E. 갈런드, 『강해로 푸는 누가복음』, 556; 트렌트 C. 버틀러, 『Main Idea로 푸는 누가복음』, 266.

있었다. 예수님은 그들을 향해 평토장 한 무덤과 같다고 하셨다. 평토장 한 무덤은 사람들이 그곳이 무덤인지를 몰라 발로 밟게 된다. 따라서 당시 매장 풍습으로는 사람들이 부지 중에 무덤을 접촉하여 부정해져서 예배에 참석하지 못하는 일이 없도록 무덤에는 접근을 금하는 표식을 하게끔 되어 있었다.

그러나 예수님은 가차 없이 바리새인들을 표식 없는 무덤이라고 하여 오히려 정결을 강조하는 그들을 접촉하면 그들의 그릇된 가르침과 행위의 영향으로 부정해질 것이라고 비판하셨다.

그리고 평토장 한 무덤과 같은 율법 교사들을 향하여 세 가지 화를 선포하셨다. 그들이 화를 당하게 될 근거는 다음과 같다.

첫째, 어려운 짐을 다른 사람에게 지우고 자신은 손가락으로도 이 짐을 지지 않기 때문이다.

둘째, 선지자들의 무덤을 만들고 있다고 하신 바와 같이 유대 전통에서 선지자들을 존중한다고 하여 무덤을 꾸미고 비석을 세웠으나, 정작 선지자들의 말에는 귀를 기울이지 않았던 일이 예수님 앞에서도 반복되고 있기 때문이다.

셋째, 율법 교사가 지식의 열쇠를 가지고 하나님 나라에 본인들도 들어가지 않고, 남도 들어가지 못하게 하기 때문이다. 지식의 열쇠는 토라 해석의 권위를 말하는 것으로 그들의 성경에 대한 왜곡된 해석은 사람들이 하나님의 뜻을 아는 것으로부터 멀어지게 했음을 비판하신 것이다.

♥ 마음으로 읽는 본문

우리는 바리새인들을 우리와는 다른 부류로 생각한다. 한 가지 기억할 것은 누가복음을 읽는 그리스도인들이 누가복음을 읽는 시점에는 약 40년의 세월이 흘렀기 때문에 예수님과 대립각을 세웠던 바리새인들은 시간상으로 이미 세상을 떠났을 것이다.

그렇다면 누가는 왜 이 바리새인들에 대해 기록했을까?

바로 누가공동체 안에서도 바리새인 같은 믿음의 행태를 지닌 자들이 있었거나 그것을 경계하기 위함이었을 것이다.

그렇다면 오늘날의 그리스도인 중에도 얼마든지 비슷한 유형이 있을 수 있다는 전제가 된다. 즉, 종교적 위선과 율법주의와 유사한 나만의 고집은 우리 안에서 얼마든지 찾아볼 수 있다. 예를 들면, 교회의 전통이나 공동체의 책임성이라는 명분으로 다른 사람들을 비판할 수 있는 권리를 주장하면서 자신들도 비판받을 수 있다는 것은 염두에 두지 않는 것이다.

또한, 이들의 공통된 특징은 사소한 것들을 중요하게 여기며, 하나님이 명하신 가장 중요한 명령은 간과한다. 철저한 자기 성찰 대신 교만한 마음으로 남을 비판하면서 스스로가 더 나은 존재로 착각한다. 그리고 그들은 비판은 빨리하고 듣는 일은 천천히 한다.[5]

이런 모습이 우리에게 발견된다면 우리가 바로 위선적인 바리새인이다.

---

[5] 다렐 보크, 『NIV 적용주석: 누가복음』, 439-440.

··· 잠깐 상식! ···

밤중에 떡을 빌리는 이에게 떡을 내준 것은 끈질긴 간청 때문입니까, 아니면 체면 때문입니까?

물론, 떡을 내준 것이 꼭 한 가지 이유만은 아닐 수 있다. 벗 됨으로서는 떡을 내주지 않으려고 했으나, 간청함을 통해 내주게 될 것이라는 문맥 자체는 '구하고, 찾고, 두드리라'는 말씀과 함께 지속적인 간구의 필요성을 말하기 때문에 끈질긴 간청의 맥락이 크다.

흥미로운 것은 끈질긴 간청에 괴로워서 도운 면도 있으나, 고대 근동의 체면 문화도 한몫했을 것으로 보인다. 그 문화권 안에서는 오늘날의 소수 부족의 문화에서도 엿볼 수 있지만, 어떤 집의 손님은 개인의 손님이 아니라 마을 공동체 전체의 손님으로 간주하는 경우가 많았기 때문이다.

동양의 인사 방식은 다음과 같다.

"당신이 온 것은 우리 마음의 영예입니다."

따라서 떡을 내어주지 않는 행동은 전체 마을에 불명예가 되기 때문에 이러한 관점에서 볼 때 잠을 자고 있던 이웃은 귀찮을지라도 자신을 향한 요청에 의무를 다해 도울 책임이 있다.[6]

---

6   데이비드 E. 갈런드, 『강해로 푸는 누가복음』, 518-523.

제12장

죽음을 넘어 만유의 주가 되시는 하나님(눅 12장)

🔎 미리 보는 12장 메시지

- 우리는 죽음 이후의 영역까지도 관할하시는 하나님만을 두려워해야 한다.
- 부로 살 수 있는 영원한 것은 없다. 땅의 유익에 우선순위를 둔다면 영원한 생명을 버리게 된다.
- 물질적인 필요를 염려하는 자는 하늘 아버지께 대한 신뢰의 부족을 드러낸다.
- 그리스도인은 주님의 오심을 기대하며 깨어 준비해야 한다.

1 우리는 죽음 이후의 영역까지도 관할하시는 하나님만을 두려워해야 한다(12:1-12)

✎ 눈으로 읽는 본문

바리새인들 죄목에서 큰 것 중의 하나는 위선이다. 그들은 스스로 의롭다고 생각했고, 사람들 눈에 하나님의 법을 잘 지키는 것으로 포장될지라도 예수님은 그것이 추악한 위선이었던 사실을 적나라하게 꾸짖으신다. 그리고 감추인 것이 드러나지 않을 것이 없고 숨긴 것이 알려지지 않을 것이 없다고 하신다.

사람들이 찾아낸 죄는 여러 구실로 모면할 수 있으나 하나님이 밝히시는 죄는 감히 우리가 입을 열어 핑계나 구실을 댈 수 없다. 우리는 사람들은 속일 수 있다고 생각하지만, 예수님은 죽은 후에 아무것도 할 수 있는 이들을 두려워 말고 죽음 후에 지옥에 던져 넣을 수 있는 권세 있는 분 곧 하나님을 두려워하라고 하신다.

♥ 마음으로 읽는 본문

나라의 고위직을 뽑는 인사청문회나 선거철이 되면 반복되는 안타까운 일들이 있다. 이 일에 적합한 사람은 나밖에 없다는 듯이 청렴하고 훌륭한 인물로 자기를 포장하지만, 과거의 허물이 이런저런 경로로 노출되면 낙마하거나 부인하는 일들이다. 당시에는 드러나지 않을 것으로 생각하거나 허물이 아닐 것으로 판단했으나 대중의 눈이 용납할 수 없는 일들을 자행한 경우다.

진실은 드러나게 되어 있다. 사람들은 누구나 한두 가지 비밀을 갖고 있다. 그 비밀을 혼자서 꺼내 보면 미소가 번지는 흐뭇한 기억들도 있을 것이나, 대부분의 비밀은 다른 사람들이 알아서는 안 되는 부정적인 비밀이 많다. 그리고 그 비밀이 절대 드러나지 않기를 바라면서 혹시 들킬세라 전전긍긍하며 꽁꽁 싸매어 둔다.

혹시 우리도 숨겨질 것으로 생각하고 아직도 진행 중인 죄나 회개치 않은 죄가 있지는 않는가?

영화 〈신과 함께〉 시리즈가 있다. 몇 번째 편이었는지는 기억이 나지 않으나, 영화를 보다가 "아멘!"이라고 말한 적이 있다. 지옥에서 사람의 키보다 열 배 넘게 큰 통나무가 원을 그리며 멈추지 않고 돌아갈 때 무수한 사람들이 그 통나무를 피해 영원히 뛰어다녀야 하는 형벌이었다. 살아생전 큰 죄를 지었으나 들키지 않아 편안히 삶을 마감한 사람들만 모여서

받는 형벌이었고, 목사로서 그래서는 안 되지만, 나도 모르게 통쾌함(?)이 있었던 것 같다.

비록 이 세상에서는 숨길 수 있는 비밀이 있으나 그 비밀스러운 죄악도 결국은 최후의 심판 자리에서는 반드시 드러나고 처벌받게 된다는 교훈이다. 역으로 드러나지 않은 선행도 하나님은 반드시 드러내 주시고 상으로 갚아주실 것이다. 우리는 언젠가 반드시 드러날 비밀스러운 죄를 짓지 말고 하나님을 항상 우선순위에 둠으로써 우리의 온 삶으로 하나님을 사람들 앞에 시인하는 숨길 것 없는 정직한 삶을 살아야 한다.

예수님이 누구신지 잘 몰라 예수님을 거절하거나 부인했던 이들이 나중에 주님께 돌아온 역사가 적지 않다. 따라서 인자를 비방하는 것은 용서받을 수 있다. 그러나 자기의 목숨이 다할 때까지 하나님의 부르심과 순종의 명령을 거부하며 하나님의 경고를 멸시하고 더 나아가 하나님을 향한 확고한 반감을 드러내어 성령을 모독하는 자는 사하심을 받지 못할 것이라고 하신다.[1]

우리는 누구를 그리고 무엇을 두려워하는가?

그 두려움의 대상은 이 세상에 속하는가 아니면 영원에 속하는가?

다음은 두려움에 대한 설명이다.

> 두려움은 지나치게 삶을 통제한다. 다른 사람들을 기쁘게 하지 못할 것을 두려워하여 우리는 위선자가 된다. 권력에 있는 자들을 두려워하여 우리는 성실성을 포기한다. 조롱을 두려워하여 예수님을 부인한다. 가난과 궁핍을 두려워하여 부를 신성시한다. 죽음과 고난을 두려워하여 하나님께 대한 신뢰를 상실한다. 기회를 상실할까를 두려워하여 하나님이 부르실 때 준비되어 있지 못한다. 우리에게 오는 모든 것을 얻지 못할까 두려워하여 하나

---

1 R. T. 프랜스, 『누가복음』, 297.

님이 예비하신 상급을 기다리기보다 우리 손으로 일을 처리한다. 예수님은 우리를, 하나님을 신뢰하고 모든 두려움을 이기는 자들로 만들고 싶어 하신다.[2]

❷ 부로 살 수 있는 영원한 것은 없다. 땅의 유익에 우선순위를 둔다면 영원한 생명을 버리게 된다(12:13-21)

🍃 눈으로 읽는 본문

유대인들은 재판정에 가기보다 덕망 있는 랍비에게 송사 문제를 가져오는 경우가 있었다. 어떤 형제가 유산 상속의 문제로 예수님을 찾아와 판결해달라고 했다. 예수님은 모든 탐심을 삼가며 사람의 생명이 그 소유의 넉넉한 데 있지 않다고 하시며 이른바 어리석은 부자의 비유를 말씀하셨다.

어떤 부자가 있었는데, 매년 풍년을 경험하자 넉넉함으로 없는 자들을 돌아보기보다는 창고를 짓고 또 짓고 하면서 쟁여놓고 먹고 마시고 즐기자 주의였다. 여기서 그 부자가 불의의 방법으로 재산을 모았다는 인상은 주어지지 않는다. 아마도 당시 사람들의 부러움의 대상이 되었을 것이다.

그러나 하나님은 그날 밤 찾아가셔서 말씀하셨다.

"어리석은 자여, 오늘 밤 내가 너의 영혼을 내가 도로 취하리니 네가 모아둔 것이 누구의 것이 되겠느냐!"

---

[2] 트렌트 C. 버틀러, 『Main Idea로 푸는 누가복음』, 280.

♥ 마음으로 읽는 본문

그 부자가 어리석다고 여겨진 데는 여러 이유가 있다.

첫째, 밭의 소출의 풍성함은 넉넉한 나눔의 기회로 여겨야 함을 몰랐다. 이 비유 안에는 '나', '네' 등 욕심이 반영된 일인칭 대명사가 6-7회 등장한다. 그의 관심사는 오직 자기였다.

둘째, 생명이 자신의 것이 아님을 몰랐다.

주님은 물으셨다.

"어리석은 자여, 오늘 밤에 네 영혼을 도로 찾으리니 그러면 네 준비한 것이 누구의 것이 되겠느냐!"(12:20).

그는 자기 영혼과 자아의 만족에 관심을 갖지만, 그 자아는 자기의 것이 아니라 하나님이 언제든 회수할 수 있는 하나님의 것이라는 사실을 몰랐다. 우리는 '내 것'이라는 표현에 익숙하지만, 내 것이 내 것이 아니다. 인생은 7-80년 이 땅의 것을 잠시 빌려 쓰고 가는 존재라는 말이 있다.

지금 내 것으로 생각하고 있는 많은 소유물이 있다면, 내가 그것을 소유할 수 있는 최대 기간은 언제까지인가?

그리고 영원히 내 곁에 있을 수 있는 나의 진정한 소유는 무엇인가?

3 물질적인 필요를 염려하는 자는 하늘 아버지께 대한 신뢰의 부족을 드러낸다(12:22-34)[3]

🍃 눈으로 읽는 본문

예수님은 까마귀를 하나님의 돌보심의 예시로 제시하신다. 물론, 까마귀도 가만히 있어도 부리 앞에 먹이가 바로 떨어지는 것이 아니기에 음식을 찾아 헤매야 한다. 핵심은 하나님이 창조하신 모든 피조물의 필요를 공급하시기에 음식은 반드시 발견될 수 있다는 뜻이다.[4]

하나님은 자연 만물을 돌보시는 분으로 사람은 그들보다 존귀한 자로 여기시며 특히 하나님은 성도의 필요를 아시는 분이다. 우리는 세상의 필요를 위해서도 간구해야 한다. 주님도 일용할 양식을 구하라고 하셨다. 하나님은 우리에게 주시기를 기뻐하시는 분이다.

그러나 주님이 "너희 목숨을 위하여 무엇을 먹을까 몸을 위하여 무엇을 입을까 염려하지 말라"(12:22) 하신 말씀은 마음의 모든 관심이 자기 육신의 필요에 멈추지 말라는 뜻이다. 성도가 그분의 나라를 구할 때 하나님은 우리의 필요를 더 채워 주실 것이다.

예수님은 보물 있는 곳에 우리의 마음이 있으므로 자기의 이기적 필요에 함몰되어 썩어질 이 땅의 창고보다는 구제를 통해 영원히 존속될 하늘에 보물을 쌓아둘 것을 권고하신다.

특히, 이 구제에 대한 말씀은 하나님이 채우신다는 말씀이 적용되지 않는 것처럼 보이는 것, 예컨대 세상의 기아와 가난, 현대 경제 구조의 복잡성, 노후 준비에 대한 현실성이라는 문제 앞에서 하나님이 돌보신다는 전

---

3 R. T. 프랜스, 『누가복음』, 302.
4 R. T. 프랜스, 『누가복음』, 303.

제가 우리의 손을 통해서도 이루어진다는 사실을 깨닫게 하는 균형을 제공한다.[5]

♥ 마음으로 읽는 본문

하나님이 만드신 그대로의 내가 가장 아름답다. 자신을 꾸며서 멋있어 보이고 아름다워 보이기를 원하는 것은 인간의 본능에 가깝다. 외모지상주의가 반영되어 의사들이 전공을 정할 때 돈을 많이 벌 수 있는 성형외과가 최우선 순위가 된다는 말이 있다. 베드로는 금은 장식보다 마음의 숨은 사람, 곧 내면의 아름다움을 추구하도록 권고한다(벧전 3:3-4).

학생들과 수업을 진행하면서 내가 나를 돋보이도록 꾸미면 꾸밀수록 하나님이 의도하신 존재와 덜 닮아갈 수 있다는 다음의 글을 읽고 충격을 받았다.

> 꽃은 자신의 어떤 노력에 의해서가 아니라 그저 하나님이 의도하신 존재 그 이상도 그 이하도 아닌 것이 됨으로써 자기의 영광을 가진다. 솔로몬의 야망과 교만은 하나님의 뜻을 거스를 수도 있으면 실제로 거스른다. 그래서 자신이 원하는 존재가 될수록 하나님이 그에게서 의도하신 존재와 덜 닮아간다. 솔로몬은 실제로 어떤 영광으로 옷 입지만, 그것은 하나님이 들풀에 보여 주신 신적 영광에 미치지 못하는 영광이다. 자연 세계에서 하나님의 뜻이 이루어지는 이유는 하나님의 뜻과 경합하는 다른 뜻이 없기 때문이다.[6]

---

5   R. T. 프랜스, 『누가복음』, 306-307.
6   데이비드 E. 갈런드, 『강해로 푸는 누가복음』, 581.

들풀은 하나님의 뜻과 경합하지 않기 때문에 솔로몬의 영광보다 아름답다는 의미를 새겨보자.

하나님이 보시기에 나를 향하신 하나님의 뜻을 거스르지 않을 때 발견되는 내게서 가장 아름다운 모습은 무엇일까?

4 그리스도인은 주님의 오심을 기대하며 깨어 준비해야 한다(12:35-59)

🖋 눈으로 읽는 본문

예수님은 "깨어 있으라"라고 비유로 말씀하신다. 어떤 주인이 다른 사람의 혼인 잔치를 다녀오게 되었다. 게으르고 경우가 없는 종은 주인이 돌아오지도 않았는데 문을 걸어 잠그고 잠들 것이다. 그러나 신실한 종은 주인이 돌아오지 않았기에 잠들지 않을 것이며, 아직 종의 일이 끝나지 않은 까닭에 허리띠를 풀지 않고, 등불을 켜서 주님이 오기를 기다렸다가 주인이 오면 문을 열어 줄 것이다.

주님의 종인 우리도 인자가 언제 오실지 모르기 때문에 준비해야 한다. 예수님은 우리로 하여금 지혜 있고 진실한 청지기가 되어 집의 종들을 맡아 때를 따라 양식을 나눠줄 것을 권고하신다. 이처럼 깨어 있어 그 종의 역할을 다하는 복이 있으려니와 주인이 더디 올 것이라 하여 먹고 마시고 취해 있던 종은 주인의 엄중한 벌에 처하게 될 것이다.

우리는 남보다 더 큰 은혜를 받았다는데 기쁨을 갖는다. 그러나 주님은 말씀하신다.

> … 무릇 많이 받은 자에게는 많이 요구할 것이요 많이 맡은 자에게는 많이 달라 할 것이니라(눅 12:48).

은혜가 큰 만큼 책임도 커진다.

> ♥ 마음으로 읽는 본문

… 때와 시기는 아버지께서 자기의 권한에 두셨으니 너희가 알 바 아니요 (행 1:7).

누가는 이 말씀에서 주님의 임박한 재림과 종말의 때는 하나님의 고유 권한이기 때문에 함부로 몇몇 징조를 통해 예수님의 재림 시기를 섣불리 재단하는 것을 금했다. 그런데도 누가는 이 본문을 통해서 예수님이 늦게 오신다는 안일함에 빠지지 말라고 경고한다.

주님은 우리 생각보다 늦게 오실 수 있으나, 그것이 우리의 게으름을 정당화하지 않으며 신실한 종은 주인이 돌아옴을 알기에 현재 주인이 있고 없고를 따지지 않고 일을 성실하게 감당하기 때문이다.

예수님은 또한 이 세상에 화평을 주신 것이 아니라 분쟁하게 하려고 오셨다는 수수께끼 말씀을 하신다. 예수님이 분란의 원인이 된다기보다는 예수님을 온전히 따르다 보면 갈등 상황이 올 수 있다는 뜻이다. 그리고 세상에서도 대법원 판결이 나면 더 이상 회복의 기회는 없다.

예수님은 세상의 재판을 예로 드시면서 옥졸과 재판장에게 최종 판결이 나기 전 화해하여 감옥에 갇히는 일이 없어야 하듯, 하나님의 최종 심판에 이르기 전 우리에게 하나님과 화해하라고 하신다. 그리고 기회 있을 때마다 시대를 분간하라고 하신다.

나는 종종 학생들에게 질문한다.

창세기에서는 노아의 때에 죄악이 온 천하에 가득 찼다고 기록하고 있는데, 노아의 때와 지금의 세상을 비교할 때 어느 세상이 더 악하다고 생각하는가?

악의 양은 하나님만이 아신다. 그러나 결코 우리의 세상이 노아 때보다 나아 보이지 않는다. 언제 주님이 심판하러 오시든 이상하지 않다는 말이다.

제13장

우리의 회개를 기다려주시는 주님(눅 13장)

🔍 미리 보는 13장 메시지

- 고난과 재앙은 특정한 죄의 결과는 아니다. 그리고 모든 사람이 죄인이기에 모두에게 회개가 요청된다.
- 하나님은 긍휼 가운데 회개의 시간을 허락하시지만, 하나님의 인내에도 한계가 있다.
- 하나님은 고통당하는 이들을 자유롭게 놓아주는 분이다.
- 작아 보이는 하나님 나라가 크고 분명한 모습으로 드러낼 때가 반드시 온다.
- 구원은 좁은 길을 통해서 이루어진다.

1 고난과 재앙은 특정한 죄의 결과는 아니다. 그리고 모든 사람이 죄인이기에 모두에게 회개가 요청된다(13:1-5)

✏ 눈으로 읽는 본문

회개는 누가의 관심사이다. 하지만, 회개의 기회가 영원하지 않을 것임에 대한 경고가 13장에서 선명해진다. 그리고 특정 부류의 사람들이 회개의 대상이라고 생각했던 종교 지도자들과 달리 예수님은 하나님의 심판이 나한테는 적용되지 않는다고 생각지 말도록 여러 사건과 비유를 통해 말씀하신다.

유대인들이 기억할 만한 최근 사건들이 있었는데, 첫째 사건은 갈릴리 사람들이 성전에서 자신들의 준비한 제물을 바치러 왔다가 빌라도가 이끈 로마군의 공격으로 죽임을 당했던 일이었다. 요세푸스는 본디오 빌라도가 속국의 저항을 무자비하게 진압했던 많은 사건을 기록했다(*Ant.* 18.55-59, 60-62, 85-87).[1] 빌라도는 기원후 26-37년까지의 총독이었으며 유대 자료들은 그를 완고하고 무자비한 인물로 기록할 정도로 그의 통치는 뇌물, 모욕, 폭력과 야만으로 점철되었다고 한다.[2]

이번 사건도 그러한 상황 중 하나였을 것이다. 갈릴리 사람들이 공격을 당한 이유와 피해 정도는 정확히 알려지지 않았으나, 특별한 설명 없이도 당시 사람들이 떠올릴 정도로 충격적 사건이었을 것이다. 예수님은 죽은 사람들이 다른 모든 갈릴리 사람보다 죄가 더 있기 때문에 죽었다고 생각지 말라고 하시면서 너희도 만일 회개하지 아니하면 다 이와 같이 망하리라 하셨다.

이 사건은 뒤이어 언급되는 실로암 망대가 무너진 사건과 연결된다. 실로암 못은 예루살렘 주민을 위한 식수원이었다. 이곳에 세운 망대가 건축적 결함으로 무너져 18명이 죽은 사건이 있었다. 불의의 사고로 죽은 사람들에 대해 죄악을 연결하는 이들이 있었겠지만, 예수님의 반응은 동일하다. 앞선 유대의 통념을 거부하신다. 예수는 이 사건 역시 영적인 멸망의 상징으로 받아들이신다. 인간의 죄성에 비추어 볼 때, 놀라운 일은 이 특정한 사람들이 불운을 겪었다는 것이 아니라, 우리 남은 사람들이 아직 심판에 직면하지 않았다는 것이다.

---

1 R. T. 프랜스, 『누가복음』, 320.
2 조엘 그린, 『누가복음』, 237.

♥ 마음으로 읽는 본문

이 두 사건을 통해 예수님은 두 가지를 강조하신다.

첫째, 예수는 종말론적인 문제, 누구든 회개하지 않으면 멸망한다.
둘째, 현재 이스라엘이 이 위험에 노출되어 있다.[3]

우리는 남의 재난에 대해 그들이 범한 죄의 탓으로 돌리지 않는가?
혹은 내게는 그러한 일이 일어나지 않을 것이라고 단정 짓지 않는가?
물론, 우리에게 그러한 불운이 없어야 하지만, 그러한 상황을 볼 때마다 두려운 마음으로 자신을 삼가도록 교훈으로 삼아야 한다.
앞선 12장은 이 땅의 염려로 욕심과 근심 속에 살기보다는 먼저 하나님 나라를 구하여 하늘에 보화를 쌓아두며, 주님의 재림을 준비하여 깨어 있으라는 권고로 마무리되었고, 누가복음 13장은 구체적으로 깨어 있음이 무엇인지를 설명한다. 깨어 있음은 다른 이의 재난의 소식을 통해서도 자신에게도 임할 수 있는 운명을 떠올려 보는 것을 포함한다.

---

[3] 대럴 벅, 『누가복음 2』, 377.

❷ 하나님은 긍휼 가운데 회개의 시간을 허락하시지만, 하나님의 인내에도 한계가 있다(13:6-9)

🍃 눈으로 읽는 본문

이 이야기의 내용은 단순하다. 어떤 사람이 자기 과수원의 무화과나무를 살핀다. 그러나 몇 해를 지나도 열매를 맺지 못하고 있다. 주인은 그 나무를 어떻게 처리할지를 고민한다. 그리고 주인의 불평이 시작된다.

통상 포도나무는 심긴 후, 3년이 지나면 열매를 맺고, 무화과는 매년 맺어야 한다. 3년이 지나도 열매가 맺히지 않는다면 앞으로도 맺힐 가능성이 작다. 과수원 주인은 그 나무를 베어 버리기를 원한다. 자리만 차지하고 다른 포도나무가 먹을 영양분 마저 빼앗기 때문이다.

이 열매 맺지 못하는 무화과나무는 종교 지도자들뿐만 아니라 이스라엘 자체를 상징한다. 이스라엘은 오랫동안 영적 열매를 맺지 못했다. 포도원지기는 한 해만 참아달라고 한다. 주어진 한 해의 기회는 하나님이 오래 참으셨으며 사람들이 회개로 반응할 시간이 얼마 남지 않았다는 것을 암시한다. 세례 요한이 도끼가 이미 나무뿌리에 놓여 있다고 말한 경고와 비슷하다.[4]

3년이라는 시간에 굳이 의미를 부여할 필요는 없다. 포도원 지기는 무화과나무를 잘 돌보고 필요한 영양분을 주어 열매를 맺도록 하겠다고 한다. 누가복음 13:1-9은 이스라엘의 회개에 초점이 맞추어져 있다. 조금 남아 있는 시간 동안 사람들은 회개해야 한다. 죄 사함과 진정한 생명을 위한 출발점은 회개의 필요성을 인정하는 것이다.

---

[4] 대럴 벅, 『누가복음 2』, 380-381.

이스라엘 전체에 대한 회개이기도 하지만, 이 경고는 개별적으로도 적용된다. 예수님의 말씀을 듣기 위해 모인 청중은 로마 제국이 아닌 자신들을 포함한 이스라엘이 회개하지 않으면 심판받게 될 것이라는 말씀에 충격받았을 것이다.

♥ 마음으로 읽는 본문

오늘날에도 죄와 심판이라는 단어는 익숙하지만, 나와는 관련이 없는 것으로 여기는 인기 없는 말이다.[5]

나는 죄와 심판이라는 단어에 대해 어떻게 생각하는가?
오늘 목사님이 설교하신 심판 메시지는 예배에 참석하지 않은 김 집사가 들어야 할 말인가?
아니면 내가 지금 엄중히 받아들여야 할 나에 대한 심판의 경고인가?
자리만 차지하고 다른 포도나무가 먹을 영양분마저 빼앗고 있다는 말씀에서 다음 말씀이 연상되는 것은 우연일까?

> 화 있을진저 외식하는 서기관들과 바리새인들이여 너희는 천국 문을 사람들 앞에서 닫고 너희도 들어가지 않고 들어가려 하는 자도 들어가지 못하게 하는도다 (마 23:13).

하나님이 우리를 세우신 섬김의 자리는 그곳이 어느 곳이든 생명을 낳으라고 세우신 것이다. 그곳에서 원망과 불평할 사람, 남을 향한 비판에 능한 사람은 얼마든지 있다.

5　데이비드 E. 갈런드, 『강해로 푸는 누가복음』, 603.

'그리고 나는 다른 사람의 믿음의 걸림돌이 되고 있지는 않는가?'

나는 내가 서 있는 곳에서 생명을 살리고, 낳고 있는가?

누가는 그동안 열매 맺지 못했던 무화과나무가 열매 맺을 가능성을 열어 두는데, 이는 사람의 간청으로 하나님의 심판이 연기되는 구약의 가르침과도 무관하지 않다. 하나님은 한 사람이라도 더 구원하기 위한 마음으로 종종 심판을 연기하신다(벧후 3:8-9). 아직 기회는 남아 있다.

"하나님의 자비는 여전히 하나님의 심판과 진지하게 대화 중이다."[6]

3 하나님은 고통당하는 이들을 자유롭게 놓아주는 분이시다(13:10-17)

눈으로 읽는 본문

안식일에 예수님이 회당에서 가르치실 때, 18년 동안 악한 영에 사로잡혀 허리가 굽은 여인이 눈에 들어왔다. 예수님은 그 여인의 비극적인 상태를 보시고는 즉각 고쳐 주신다. 여인의 믿음에 대한 언급이 없음에도 예수님은 그 여인의 놓임을 선언하신다.

흥미롭게도 회당장이 안식일의 치유 사건에 대해 화를 낸다. 사람들에게 화를 내지만, 예수님께 화내는 것과 마찬가지다. 안식일의 노동 규정을 어겼다는 것이다. 예수님의 가르침과 사역에도 변하지 않는 사람은 여전히 변하지 않는다.

6:1-11에서도 유사한 반응이 있었다. 예수님은 회당장의 책망을 책망으로 반응하신다.

---

6   프레드 B. 크레독, 『누가복음』, 219.

"외식하는 자들아, 유대인들은 안식일에도 기꺼이 자기 가축을 먹이기 위해서 가축을 외양간에서 끌어내었다. 하물며 사탄에게 매인 바 된 이 아브라함의 딸을 매임에서 풀어 주는 것이 합당치 아니하냐?"

우양도 그러한 도움을 받을 수 있다면 사람은 얼마나 더 안식일에도 도움을 받아야 할 것인가?

예수님의 말씀에 사람들은 두 가지 반응, 즉 부끄러워하는 이들과 하나님께 영광을 돌리는 이들로 엇갈렸다. 예수님의 가르침에 중립적인 지대는 없다.

♥ 마음으로 읽는 본문

예수님의 말씀은 안식일의 의미를 다시 생각게 한다. 안식일은 안식일 준수 자체가 목적이 되어서는 안 되며 애굽이 상징하는 속박, 어둠, 거짓 신들, 사탄의 땅에서의 자유가 주어지는 날이 되어야 한다. 따라서 안식일은 "자신의 자유를 기억하고, 그 자유의 기원이셨으며 지금도 그 자유의 기원이신 분을 기억하도록" 돕는다.[7] 안식일은 하나님이 기뻐하시지 않는 일에 매여 있는 나를 놓아주고 다른 사람을 놓아주는 날이다.

나는 남을 얽어매는 데 익숙한가, 아니면 자유롭게 하는 데 익숙한가?

---

[7] 데이비드 E. 갈런드, 『강해로 푸는 누가복음』, 613-614.

4 작아 보이는 하나님 나라가 크고 분명한 모습으로 드러날 때가 반드시 온다(13:18-21)

🍃 눈으로 읽는 본문

이 비유들은 하나님 나라는 작은 규모로 시작하나 반드시 점차 성장하고 확장되어 간다고 묘사한다.

겨자씨 비유는 간단하다. 하나의 작은 씨가 커다란 나무로 자라 그 나무에 새들이 깃든다. 겨자씨 비유는 처음과 나중의 차이에 대한 비교 외에 겨자씨가 만들어내는 결과를 비교한다. 곧 그늘과 안식처를 제공한다는 것이다. 사실상 이점이 비유의 강조점이다. 나무가 자라서 존재할 뿐만 아니라 새들이 깃들일 수 있게 해 준다. 하나님 나라는 온 세상으로 확장될 것이다.

누룩 비유도 겨자씨 비유와 동일한 메시지를 전한다. 시작은 작아 보이나 결말은 클 것이며, 지금 하나님 나라는 작고 보잘것없어 보이나 장차 하나님의 권능과 나라는 온 천하에 세워지게 될 것이다. 이 비유는 예수를 처음부터 따라다니던 제자들에게 소망을 가져다주었는데, 제자들에게 그들이 아직 작아 보이는 하나님 나라의 초기 단계에 참여하고 있다는 것을 알고 하나님 나라가 완성되어 가는 것을 신뢰할 것을 요구한다.[8]

♥ 마음으로 읽는 본문

겨자씨 비유와 누룩 비유는 앞에 언급된 허리 굽은 여인의 치유와 연관이 있다. 사탄에게 매였던 한 여자가 풀려났는데, 크거나 소란스러운 사

---

8 대럴 벅, 『누가복음 2』, 401, 406.

건은 아니었으나 하나님의 통치가 지상에서 시작되고 반대로 사탄의 통치는 종말이 시작되었음을 나타낸다. 사람들이 인지하지 못하고 주목하지 않아도 하나님은 일하고 계신다.[9]

성경이 줄기차게 권고하는 '깨어 있음'은 하나님 나라는 우리가 인식하지 못하거나 일부러 관심을 두지 않을지라도 건실히 확장되고 있음을 기억하는 것이다. 우리는 온갖 매체와 자료를 토대로 국제 정세 및 경제 동향에 대해 침을 튀기며 말하는 경향이 있지만, 우리가 더욱 관심을 기울이고 민감해야 할 대상은 우리의 영원을 결정하는 하나님 나라다. 예수님은 겨자씨와 누룩 비유로 하나님 나라가 점진적이지만 분명하게 확장되어 곧 우리 앞에 나타날 것이라고 말씀하신다(13:18-21).

부동산과 주식과 가상 화폐가 우리의 영원한 미래를 보장해 주지 않는다. 우리가 열정적으로 말해야 할 화두는 하나님 나라다. 또한, 겨자씨 비유와 누룩 비유에서 소망을 가져야 한다. 우리의 작은 순종은 우리의 제한적 시공간을 넘어서 많은 이를 사탄의 매임에서 자유롭게 하는 큰 열매로 나타나게 될 것이기 때문이다.

5 구원은 좁은 길을 통해서 이루어진다(13:22-35)

눈으로 읽는 본문

어떤 사람이 예수님께 물었다.
"주여, 구원을 받는 자가 적으니이까?"(눅 13:22)

---

[9] 프레드 B. 크레독, 『누가복음』, 221.

그러나 예수님은 숫자가 적음에 대해서는 언급하지 않으시고 하나님 나라 안에 있다고 스스로 생각하는 이들 가운데 많은 이가 그 나라 밖에 있을 것이라고 넌지시 말씀하신다.

좁은 문으로 들어가라는 말씀은 하나님 나라에 들어가기 위해 애쓰라는 말이 아니다. 구원은 인간의 공로가 아니라 하나님의 은혜로 임하기 때문이다. 좁은 문은 예수님이 전하는 메시지를 주의 깊게 듣고 세상의 가치관과 다른 선택을 하라는 말이다.

예수님은 자기의 죽음을 예언하시면서, 예루살렘은 세상 어느 도시보다 하나님과 가까이 있었으나 하나님의 심판으로 장차 황폐하여 멸망하게 될 것이라고 말씀하신다.

♥ 마음으로 읽는 본문

예수님은 구원받는 자의 수가 많고 적음에 대해서는 대답하지 않으셨다. 들어가기를 구하나 들어가지 못하는 자가 많을 것이라는 말씀은 결과론적인 설명일뿐 구원받는 자의 수가 많고 적음이 미리 정해진 것을 의미하지 않는다. 따라서 '그리스도인'인 것처럼 보이는 자가 다 그 문을 통과하는 것은 아니다(13:23-28).

하나님 나라에 들어가는 사람이 많고 적음이 당신에게 무슨 의미가 있는가?

당신이 하나님 나라 안에 있느냐가 중요하지 않은가!

많은 사람은 하늘의 문이 닫힌 후에야 자기들이 예수님의 말씀을 귀담아듣지 않았으며, 하나님 나라에 가기 위한 방법을 잘못 선택했다는 것을 깨닫게 될 것이다. 다수가 선택한 것이 정답이 아니다.[10] 예수님과 가까이

---

10 대럴 벅, 『누가복음 2』, 418

있는 것 같았으나, 예수님과 먼 곳에 있는 이들이 있을 것이고, 예수님에게서 멀리 있는 것처럼 보였으나, 누구보다도 예수님과 가까이 있는 이들이 있을 것이다.[11]

당신은 어느 쪽에 속할 것인가?

우리가 지금 할 일은 하나님 나라에 들어가는 자의 숫자에 괘념치 말고 우리가 선택하는 결정이 좁은 문에 해당하는지를 살피는 것이다.

---

11 대럴 벅, 『누가복음 2』, 422.

제14장

자기를 낮추는 자를 기뻐하시는 주님(눅 14장)

🔍 미리 보는 14장 메시지

- 남의 고통에 둔감해진다면 의를 자랑한들 무슨 소용이 있을까?
- 교만은 패망의 선봉이며 하나님은 겸손한 자를 찾으신다.
- 우리에게는 주님의 초청을 거절할 아무런 명분이 없다. 절대명령인 까닭이다. 그러므로 우리가 거절할 경우 구원의 자리에는 다른 사람들이 있을 것이다.
- 제자가 됨으로써 치러야 할 대가를 확실히 고민하기 전까지는 제자의 길에 들어서지 말라(프랜스, 347).

1 남의 고통에 둔감해진다면 의를 자랑한들 무슨 소용이 있을까? (14:1-6)

🌿 눈으로 읽는 본문

안식일에 예수님이 한 바리새인 지도자의 집에 들어가셔서 떡을 드시려 할 때 율법사들과 바리새인들이 예수님을 비난할 거리를 찾기 위해 엿보고 있었다. 마침, 예수님 앞에는 몸이 비정상적으로 피부가 부풀어 오르는 수종병 걸린 사람이 있었다. 그는 아마도 초대받았기보다는 예수님을 시험할 도구로 사용하기 위해 데려왔을 것이다(4절). 그들의 의도를 아신 예수님은 앞에 있는 수종병 든 사람을 염두에 두시고 안식일에 병을 고치는 것이 합당한지 물으셨다. 그들은 잠잠하였고 예수님은 안식일에 아들이나 소가 우물에 빠진다면, 곧 끌어내지 않겠느냐는 말씀으로 안식일에 치유하는 것에 대한 정당성을 선포하셨고, 그들은 아무 대답도 하지 못했다. 나중에 유대 랍비들 사이에서 안식일 율법에서도 동물 구조는 허용되었다(b. Shabb. 128 b).

동물도 바로 구조하거늘 하물며 아들을 안식일이라 하여 우물에 빠진 채로 둘 부모가 있겠는가?[1]

♥ 마음으로 읽는 본문

다른 사람의 오랜 고통에 둔감해졌다면 속히 긍휼의 눈을 떠야 한다. 유대 종교 지도자들은 18년 동안이나 귀신들려 허리를 펴지 못하던 여인과 수종병 든 사람에 대해 안식일에 고치는 일은 합당치 않다고 하여 그들의 오랜 고통을 눈감았다(13:10-17; 14:1-6).

내가 옳은 사람인 것도 중요하지만, 그 의가 다른 사람의 아픔에 대해 우리의 눈을 감게 한다면 그 의가 우리에게 무슨 유익이 있겠는가?

하나님의 공의에는 긍휼이 반드시 동행한다. 우리도 다른 사람의 오랜 고통에 둔감하거나 익숙해져 버렸다면, 완악해진 마음을 회개하고 그들을 즉각적으로 도울 방법을 찾아야 한다. 더구나 우리가 무관심하게 대하는 그들은 하나님께는 자녀요 우리에게는 형제자매다.

---

1 R. T. 프랜스, 『누가복음』, 338.

2 교만은 패망의 선봉이며 하나님은 겸손한 자를 찾으신다 (14:7-14)

🌿 눈으로 읽는 본문

어느 집에 초청된 사람이 상석을 선택하자, 예수님은 혼인 잔치에 청함을 받았을 때 높은 자리에 앉지 말라고 하신다. 상석은 첫 번째이자, 영예로운 자리로 집주인 또는 만찬을 베푼 주인공의 바로 옆자리였다. 당시 사람들은 손을 씻은 다음, 자기가 앉을 자리를 선택했던 것 같다.

식탁에 앉는 방법은 문화권마다 다른데, 후대의 유대 문화에서는 ㄷ자 형태의 모양으로 만들어진 트리클리니움(triclinium)이라는 식탁에 세 사람씩 앉았다. 손님이 많을 때는 다른 식탁을 마련했다고 한다. 집주인의 왼쪽이 가장 영예의 자리, 오른쪽이 그다음 자리였다고 한다. 영예로운 자리에 앉을 사람은 가장 늦게 왔다고 한다.

이 잔치에서는 사람들이 서로 상석을 앉으려고 했던 것 같다. 예수님은 자기보다 더 영예로운 손님이 있을 가능성이 있기 때문에 상석을 차지하려고 하지 말라고 권고하신다. 오히려 상석을 고집하다가 가장 끝자리로 내몰릴 수도 있다.

이를 통해 예수님은 각 사람이 자기 자신에 대해 과대평가하지 말 것을 말씀하신다. 공개적 망신을 피하는 길이다. 대신에 정반대의 행동을 하라고 하신다. 오히려 가장 낮은 자리에 앉으라고 하신다. 여기서 예수께서 제시하는 주제는 '겸손'이다. 하나님이 높은 자는 내치시며 겸손한 자를 높이신다는 종말론적 역전 혹은 반전은 누가의 주요 중심 주제이기도 하다.

♥ 마음으로 읽는 본문

예수님은 스스로 높아지려는 시도를 일관되게 경계하신다. 스스로 높아지는 결과는 부끄러움이며 하나님 앞에서 무릇 자기를 높이는 자는 낮아지고 자기를 낮추는 자가 높아질 것이기 때문이다. 사람들의 교류 방식은 내게 이익이 될 자를 우선한다. 이 또한 자기를 높이고자 하는 시도의 연장선이다.

집주인도 높은 자리를 놓고 서로 차지하려 애쓰는 손님들 못지않게 자기중심적이다. 그는 자기의 사회적 집단 안에서 자기에게 보답할 수 있고 장차 이익과 영예를 줄 수 있는 사람들을 초대하며 그의 목표는 영향력과 권세 있고 든든한 연줄이 있는 사람들과 함께 자기 유익을 위해 수다를 떠는 것이다.[2]

사람들은 대체로 자기 친구나 친척 그리고 도움이 될 만한 이들을 초대하는 경향이 있다. 함께 식사한다는 것은 특별한 유대감을 형성하고, 어떤 사람이 초대되고 함께 식사하는 사람이 어떤 사람인지에 따라 사회 안에서 그 사람의 지위를 규정했다.

반면에 예수님이 사회 지도자급과 멸시받는 이들, 영향력 있는 사람들과 소외된 사람들 모두와 함께 기꺼이 식사하시고 그들을 초대하신 것은 당시 사회에서는 이례적인 것으로 예수님의 뚜렷한 특징 중 하나였다.[3]

예수님은 자기가 받은 호의를 갚을 길이 없는 가난한 자들을 초대하는 관대함을 보이라고 권면하신다(14:12-14). 곧 친구, 가족, 부유한 이들이 아닌 갚고 싶어도 갚을 여력이 없는 자들을 초대하라고 하신다.

---

2 데이비드 E. 갈런드, 『강해로 푸는 누가복음』, 642.
3 R. T. 프랜스, 『누가복음』, 336-337.

진정한 친교는 다른 사람들의 신분이나 지위 및 재산 등에 근거해서 사회적인 경계선을 긋지 않는다. 다른 사람들을 가장 훌륭하게 대접하는 길은 받을 것을 기대하지 않고 관대하게 기꺼이 대접하는 것이다. 이들에게는 하나님이 더 좋은 상으로 함께하실 것이다.

최근 나의 주된 교류의 대상은 누구인가?

도움이 될 것 같지 않은 사람은 멀리하고, 향후 내게 이익이 되는 교제에 집중하고 있지는 않는가?

··· 잠깐 상식! 〈예수님 당시의 식탁(triclinium)과 손님 배치도〉[4] ···

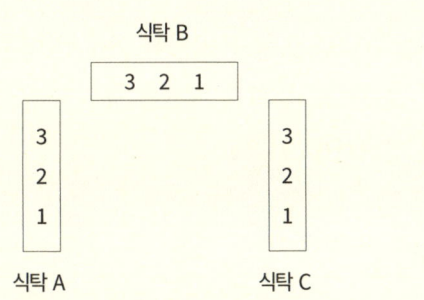

식탁 A가 집주인과 아내 혹은 가족이 차지하는 자리이며, 식탁 B와 C가 손님의 자리다. 주인과 가장 가까운 위치인 식탁 B의 3번 자리가 가장 존경 받는 손님을 위하여 예비 된 상석이다.

흥미로운 것은 개역성경에서 '앉으라'로 번역된 어휘는 원래 헬라어로는 비스듬히 기대어 누우라는 의미다. 그리하여 NIV 성경은 "[Jesus] reclined at the table"(예수는 식탁에 기대어 앉으셨다)이라고 번역하고 있다. 사람들은 한쪽 팔로 턱을 괴고 발을 뒤로 뻗은 채 음식을 손으로 먹었다.

---

4 앨버트 벨, 『신약시대의 사회와 문화』, 오광만 옮김 (서울: 생명의 말씀사, 2001), 360-363

> 바리새인의 집에서 한 여인이 예수님의 발에 접근할 수 있었던 것은 우리가 생각하는 모습, 즉 의자에 앉으신 예수님 앞에 여인이 무릎을 꿇고 향유를 붓는 것이 아니라, 식탁에 기대어 비스듬히 누우셨던 예수님의 모습을 상상할 때 훨씬 더 설득력이 있다. 요한복음 13:23에 있는 예수님께 기대어 누운 요한에 대한 묘사도 이런 맥락에서만 이해된다.
> "예수의 제자 중 하나, 곧 그가 사랑하시는 자가 예수의 품에 의지하여 누웠는지라"(One of them, the disciple whom Jesus loved, was reclining next to him).

❸ 우리에게는 주님의 초청을 거절한 아무런 명분이 없다. 절대명령인 까닭이다. 그러므로 우리가 거절할 경우 구원의 자리에는 다른 사람들이 있을 것이다(14:15-24)

🍃 눈으로 읽는 본문

예수님과 함께 떡을 떼던 한 사람이 예수님의 가르침에 감동하였는지 "하나님의 나라에서 떡을 먹는 자는 복되도다"라고 말했다. 이에 예수님이 이른바 큰 잔치 비유를 들어 하나님 나라의 초청을 거절하지 말라고 가르치셨다.

어떤 사람이 잔치를 베풀면서 많은 사람을 초청했는데, 잔치할 시각이 되어오자 초청받은 사람들이 '밭을 사서 살펴보러 나가야 한다', '소 다섯 겨리를 샀는데 시험하러 가야 한다', '장가를 가서 참석치 못하겠다' 등의 갖은 이유로 잔치를 피했다.

진노한 주인은 시내의 거리와 골목으로 나가서 가난한 자와 몸 불편한 자 그리고 맹인과 저는 자들을 강권하여 자기 집을 채우라고 하였다. 반면에

전에 초대되었으나 거절한 이들은 내 잔치를 맛보지 못할 것이라고 말했다.

이 비유는 유대 지도자들과의 논쟁을 마무리 내용이다. 이 비유의 주요 핵심은 이스라엘의 많은 사람이 장차 하나님이 베푸실 큰 잔치에 앉게 될 기회를 잃어버릴 수 있다는 점이다. 그들은 세상적 관심사가 크기 때문에 거기에 우선권을 두고 큰 잔치 참여를 거부한다.

이 단락의 강조점은 다음과 같이 11:37-54; 13:6-9; 14:1-35의 주제와 비슷하다.

첫째, 유대 지도자들은 지금 하나님이 베푸시는 복을 받을 마지막 기회를 놓치고 있다. 14:1-14의 예수님의 식사 장면에서는 유대 지도자들에 대한 부정적 분위기가 가득 차 있다.

둘째, 예수님의 비유 속 잔치에 원래 초대를 받았던 이들 가운데 상당수는 하나님 나라에 들어가지 못할 것이다. 그러나 하나님 나라는 여전히 확장되어 가며 다른 사람들에게 새로운 초대장이 전달될 것이다. 혼인 잔치에 참석을 거절한 이들을 대신하여 초대된 이들은 이방인일 가능성이 높다.

셋째, 예수의 초청에 빠진 이들은 초대받지 않았기 때문이 아니라 스스로 초대에서 배제한 것이다.

♥ 마음으로 읽는 본문

우리도 주님의 잔치 초대를 받았다.

그러나 만일 주님의 부르심에 바로 응답하고 있지 않다면, 그 잔치를 거부하고 있는 나만의 이유는 무엇인가?

세상일에 몰두하다 하나님의 초청을 거절해서는 안 된다. 밭을 샀고, 새로 산 소 다섯 겨리를 시험해야 하며, 장가들었기 때문에 가지 못하겠노라는 거부는 우리가 들어가야 할 하나님 나라 자리에 다른 사람들이 들어갈 수 있는 상황으로 귀결된다는 경고다(14:15-24).

그 잔치가 항상 열려 있는 것은 아니다. 마태복음 25장 열 처녀 비유에 보면 신랑의 입장과 함께 잔치의 문은 닫혀 버린다. 아무리 열어 달라고 외쳐도 냉엄한 신랑되신 주님의 목소리만 들릴 뿐이다.

"나는 결단코 너를 알지 못한다!"

주님의 초청을 사소한 세상일을 이유로 거절하여 하나님 나라의 내 자리를 기꺼이 남에게 양보하겠는가?

오늘 내가 주님의 초청을 거부하고 있는 이유는 무엇인가?

4 제자가 됨으로써 치러야 할 대가를 확실히 고민하기 전까지는 제자의 길에 들어서지 말라 (14:25-36)[5]

🌿 눈으로 읽는 본문

예수님은 자기의 제자가 되기 위해서는 가족뿐만 아니라 자기 목숨까지도 버리면서 자기 십자가를 지고 좇아야 할 것이라고 하셨다. 또한, 미래에 대한 준비를 두 가지 비유로 말씀하셨다.

첫째, 누구든지 망대를 세우고자 할 때는 충분히 감당할 여력이 되는지 준공하기까지의 비용을 계산해 보는 것이 당연하다.

둘째, 다른 나라 임금과 전쟁하기 위해서는 수적으로 대적할 수 있는지를 살피고 만일 적의 수가 너무 많다면 미리 화친하는 것이 지혜롭다고

---

[5] R. T. 프랜스, 『누가복음』, 347

말씀하셨다.

제자 됨은 성급하게 결정할 일이 아니다. 자기 삶에 가져올 파장을 깊이 있게 고민한 후 결정해야 할 일이다. 건축이나 전쟁이 철저히 계산된 후에 이루어지듯이 제자의 길에 들어섰다가 마치지 못한다면 그것은 부끄러운 일이 될 것이다. 준비가 되었을 때 시작해야 한다.[6]

이 단락에서 강조점이 바뀐다. 바리새인과의 논쟁 기조가 이제는 제자들이 대상이 된다. 유대 지도자들의 길이 하나님의 길이 아니라면, 제자는 어떤 길을 걸어야 하는지가 이슈다.

여기에서의 세 가지 요점은 다음과 같다.

첫째, 하나님을 가족보다 우선순위에 두라.
둘째, 자기 십자가를 지고 가라.
셋째, 자기의 모든 소유를 버리라.

가족을 미워하라는 우선순위의 이슈는 마태보다 더 나아간다. 마태복음 10:37에서는 아버지와 어머니와 아들과 딸이 언급되지만, 누가는 부모와 처자, 형제자매와 자기 목숨까지 확대한다. 어떤 대상도 예수님보다 결코 우선될 수 없다.

여기에서 '미워하다'는 문자적으로 접근해서는 안 된다. '미워하다'는 수사학적 표현으로 예수님 보다 덜 사랑하라는 의미다. 즉, 예수님은 이 명령을 통해 모든 가족 관계를 끊어 버리고 그들의 필요나 아픔에 대해 무감각해지라고 하시는 것이 아니다. 하지만, 예수님을 택한다는 것은 가

---

[6] 트렌트 C. 버틀러, 『Main Idea로 푸는 누가복음』, 332.

족과 갈등이 불가피한 실제 상황이 될 수 있다.[7]

♥ 마음으로 읽는 본문

주를 따름이 일시적 감정인지 일생을 통해 주님을 최우선으로 할 것인지 결단해야 한다. 자기 십자가를 지고 예수님을 따르는 것은 참으로 많은 희생을 요구하는 일이다.

예수님은 망대를 세울 때 비용을 미리 계산할 것이며, 어떤 임금이 다른 임금과 전쟁할 때는 군대의 수를 계산하고 전쟁 여부를 결정하듯이, 제자가 되기 전에 판단할 것을 요구하시는 것처럼 보인다. 그러나 판단해 보고 주를 따르기를 멈추라는 말씀이 아니다(14:25-34).

그렇다면 이 모든 것을 계산해 본 후 이 땅에서 손해가 날 것으로 판명된다면, 예수님 따르기를 포기할 것인가?

예수님의 헤아려 보라는 명령은 하늘의 삶까지를 포함하는 것이다. 하늘을 희생하고 이 땅에서의 손해를 막고 이익을 취하겠다는 사람은 쓸데없어 버려진 소금이 될 것이다. 미리 계산해 보았을 때 손해로 판명되어도 제자가 되어야 한다. 예수님을 따르다 이 세상의 것을 잃을 수 있다.

하지만, 이 세상의 것을 고수하며 예수님의 제자의 길을 따르지 않음으로 사탄에게 항복한다면 이 세상뿐만 아니라 내세의 것도 잃게 될 것이다.

어차피 잃어야 한다면 무엇이 지혜로운 잃음인가?

그리고 내가 선택하여 들어가야 할 좁은 문은 어디인가?

> … 들을 귀 있는 자는 들을지어다 (14:35).

이 마지막 말씀이 훨씬 무겁게 다가온다.

---

[7] 데이비드 E. 갈런드, 『강해로 푸는 누가복음』, 674-675.

제15장

잃은 자를 반드시 찾아내어 구원하시는 주님(눅 15장)

🔍 미리 보는 15장 메시지

- 사람은 교제의 대상을 이기적으로 정하나 주님은 그분의 식탁에 모두를 초청하신다.
- 우리는 모두 잃은 양과 동전이었으며, 또 앞으로도 잃어질 수 있다
- 당신이 아무리 엄청난 죄인일지라도 하나님은 인내와 사랑으로 당신이 돌아오기를 기다리신다.
- 용서하지 않는 마음은 본인은 인정하지 않을지라도 자신이 죄인임을 보여 준다.

1 사람은 교제의 대상을 이기적으로 정하나 주님은 그분의 식탁에 모두를 초청하신다(15:1-2)

🍃 눈으로 읽는 본문

14장은 예수님의 제자가 되려면 자기 소유와 가치관도 포기해야 한다고 하심으로 구원에 있어 인간의 책임과 역할을 중요하게 여기는 가르침이 제공된다.

그렇다면 구원도 내 노력이 중요한 부분을 차지하는가?

15장은 이러한 생각에 대한 균형을 맞추어 준다. 구원에 대하여 주도권을 가지고 먼저 찾아와 주시고 끝까지 기다려 주시는 하나님의 은혜에 초점이 맞추어지기 때문이다. 특히, 당시 종교 지도자들은 하나님의 구원에도 마땅히 자격 있는 자들이 있다고 생각했다.

15:1-2에 보면 바리새인과 서기관들이 수군거리며 "이 사람(예수님)이 죄인들을 영접하고 음식을 같이 먹는다"라고 했다. 당시의 문화권에서는 사회생활을 하면서 누구와 식사하는지가 그 사람의 사회적 지위를 판별하는 척도였다. 따라서 종교 지도자들은 자기 명예를 생각하여 '아무나', 즉 부정하다고 여겨지는 사람하고는 식사하지 않았다.

후대의 어떤 랍비 문헌에는 아예 율법 교육을 제대로 받지 못한 사람과는 함께 식사하지 말라는 규정이 있었다고 한다. 그러한 관행에 대해서 예수님이 정면으로 도전하신다. 예수님은 대접받고 나서 갚을 길이 없는 가난하고 미약한 그 '아무나'를 식사 자리에 초대하라 하셨고(14:12-14), 말씀대로 사셨다.

'영접하고 같이 먹는다 하더라'에 사용된 헬라어는 현재형으로 예수님의 죄인과의 식사가 보여 주기 위한 일회성 행사가 아니라, 계속되어 왔고 지금도 진행 중인 식사 모습임을 보여 준다. 예수님은 오히려 종교 지도자들이 부정하다 하여 터부시하던 그 '아무나'와 기꺼이 식사하신 것이다. 예수님이 생각하시는 명예는 사람들이 생각하는 명예와 달랐다. 예수님께는 죄인과 약한 자를 동료로 여기며 품는 것이 진정한 명예였다.

15장은 예수님이 '아무나'와 격의 없이 어울리신 이유를 잃은 양(3-7), 동전(8-10), 아들(11-32)의 세 비유를 통해 설명하신다. 그 비유들은 '잃어버린', '찾은', '기쁨'이라는 개념으로 연결된다(6, 9, 24, 32). 결론부터 이야기하자면, 사람들은 자신에게 이익이 될 사람과 교류를 이어가고, 그렇지 않은 경우는 과감히 관계를 단절하는 경향이 있지만, 하나님은 그분을 떠나 하나님께 아무런 이익이 없을 존재들인 '잃어버린' 자들을 의도적으로 찾아내어 벗으로, 자녀로 삼아 주신다.

이제 세 비유를 통해 '아무나'의 이야기를 들어보자.

2 우리는 모두 잃은 양과 동전이었으며, 또 앞으로도 잃어질 수 있다 (15:3-10)

🪶 눈으로 읽는 본문

100마리의 양을 치던 목자는 한 마리가 보이지 않자, 아흔아홉 마리를 두고 결국 한 마리를 찾아서 돌아와 기쁨으로 잔치를 베푼다. 잃은 동전 비유에서는 가난한 여인이 한 드라크마를 불을 켜고 비로 쓸면서 온 힘을 다해 찾아내고 이웃과 기쁨을 나눈다. 하나님은 잃어버린 자를 반드시 찾아내시고 그들의 돌아옴을 기뻐하신다는 의미를 담고 있다. 우리가 오늘 하나님 나라에 들어설 수 있게 된 이유다.

길 잃은 양과 분실된 드라크마가 회개했다는 표현은 없다. 이 비유는 죄인이 회개하기 전에 죄인들을 먼저 찾아 나서신 신적 사랑을 보여 준다.[1]

한 마리를 찾기 위해 아흔아홉 마리를 방치하는 것은 불합리하다고 말하는 이들도 있다. 하지만, 처음 이 비유를 들었던 청중은 아흔아홉 마리의 양은 어떻게 했을지를 궁금해하지 않았을 수 있다. 그 문화권에서 대체로 양을 세는 일은 양 우리 앞에서 지팡이를 통과하면서 세는 게 일반적이었고, 혹 들에서 계수했을지라도, 양을 메고 집으로 돌아간 것은 나머지 양들은 집에 있다는 설정이 가능하다.

---

1 데이비드 E. 갈런드, 『강해로 푸는 누가복음』, 687.

물론, 한 마리를 위해 다른 아흔아홉 마리를 방치하는 것은 정상적인 목자의 방법은 아니다. 한 마리에 관심을 두고 다른 아흔아홉은 관심을 두지 않는다는 이야기 자체가 모순된다. 학자들에 따라 '이웃 목자에게 부탁했다', '아흔아홉 마리를 우리에 넣은 후 찾으러 나섰다' 등 여러 해석이 있지만 본질이 아니다. 하나님은 잃은 자를 반드시 찾아내신다는 메시지가 핵심이다.[2]

♥ 마음으로 읽는 본문

우리 교회 전도사님이 설교 시간에 잃은 양 비유를 이렇게 적용하는 것을 보았다.

> 어떤 양이 목자가 보이지 않자, 옆 친구에게 물었다.
> "목자님 어디 가셨어?"
> "또 그 자주 가출하는 녀석 찾아갔겠지, 뭐."
> 일정 시간이 지나고 목자가 돌아오자, 기뻐하면서도 목자 어깨에서 내려지는 한 녀석을 보면서 도끼눈을 뜨며 속으로 한심하다고 생각했다.
> 그런데 어느 날 가출했던 양을 노려보았던 그 양이 풀이 너무 맛있어 한참 정신없이 풀만 먹고 있었는데, 뒷덜미가 서늘했다. 돌아보니 주변에는 목자도 동료 양들도 아무도 없었다. 크게 소리 내 울부짖었지만 아무도 보이지 않았다.

그 전도사님은 우리도 그 양과 다를 바 없다고 했다. 우리도 언제든 길을 잃을 수 있는 양이기 때문이다.

2　데이비드 E. 갈런드, 『강해로 푸는 누가복음』, 682-683.

그런데 이 양은 절망에 빠졌을까?

예전 사례를 볼 때 목자가 반드시 자기를 찾으러 온다는 것을 알고 목자를 믿고 기다렸을 것이다.

우리의 구원 가치는 얼마로 계산할 수 있을까?

목자가 잃어버린 양 한 마리를 찾았다고 하여 잔치를 베풀고, 가난한 여인이 한 드라크마를 찾았다고 하여 잔치를 벌인다면, 배보다 배꼽이 큰 격이다. 산술적으로 맞지 않다. 더욱이 하나님의 입장에서 예수님과 인류를 저울에 올려놓으면 저울은 당연 예수님 쪽으로 훨씬 더 기울었을 것이다. 그런데도 하나님은 기꺼이 아드님을 희생시키셨다. 생명을 구하는 일에 산술적 가치를 뛰어넘는 비용을 투자하는 것은 쉽지도 않고 지혜롭지 않을 수도 있다.

그러나 우리 인생 가운데 그러한 기쁨의 경험이 한 번도 없다면 그것도 문제이지 않을까?

의미 있는 일을 했을 때, 돈의 가치를 따지지 않고 산술적 계산을 뛰어넘어 크게 기뻐했던 적은 언제인가?

그리고 그 이유는 무엇이었는가?

그런데 이 비유 속에서 죄인 한 사람의 회개가 회개할 것 없는 의인 아흔아홉보다 더 큰 기쁨을 준다는 예수님의 말씀(15:7)에 수긍이 가지 않고 마음이 불편하다면, '아무나'를 차별하던 바리새인처럼 우리는 자신을 의인의 범주에 놓는 병에 걸려 있다고 보면 된다.

예수님은 5:31-32에서 건강한 사람은 의사가 필요 없다고 하셨으나, 의사가 필요하지 않은 사람은 없다. 즉, 회개할 것 없는 의인은 이 세상에 없다. 우리는 길을 잃었었고, 앞으로 잃을 가능성이 있기에 다른 사람의 넘어짐, 길을 잃음에 대해서도 이해와 포용의 폭을 넓히며, 우리는 모두 어떤 순간에도 겸손히 전적으로 하나님의 은혜를 의지해야 한다. 다른 사람의 삶을 함부로 판단하여 정죄할 권리는 우리에게 없다.

그리고 그 표현은 아흔아홉보다 한 마리가 중요하다는 숫자적인 환산이 아니라 그만큼 잃어버린 존재에 대해 하나님이 느끼는 감정을 좀 더 과장하여 표현한 것이다. 그리고 아흔아홉 마리와 열 중 아홉은 각각 99퍼센트와 90퍼센트라는 높은 비율이다. 하지만, 그것은 하나님께 충분하지 않다.

혹시 '하나님께 우리가 있으니 그 정도면 충분하지, 하나님이 뭘 더 원하시겠어!'라고 말하지는 않는가?

식사 시간에 열 명의 식구 중 아홉 명이 모이고 그 중 한 사람이 보이지 않는다면 우리에게 아홉이 있으니 충분하다 할 부모나 형제자매가 있겠는가?[3]

3 용서하지 않는 마음은 본인은 인정하지 않을지라도 자신이 아직 죄인임을 보여 준다(15:11-32)

눈으로 읽는 본문

세 번째 비유는 탕자의 비유로 알려져 있다.

살아 있는 아버지 유산의 분깃을 미리 요구하는 일이 역사적으로 가능한지에 대한 논의가 있으나 이 비유의 본질과는 무관하다. 당시 유대인의 상속법에 의하면 맏아들이 유산의 절반을 받았고, 다른 아들은 나머지 몫에 대해 분배받았다. 유대법에 따르면 유산 분배는 미리 이루어질 수 있으나 실제 분배는 아버지의 사후에 이루어졌다.

---

[3] 데이비드 E. 갈런드, 『강해로 푸는 누가복음』, 686.

작은아들의 요구는 그가 아버지와의 모든 관계를 끊고, 아버지에게서 멀리 떠나며, 아버지의 노후는 무관심하다는 것을 나타낸다. 아버지에게 미리 유산을 요구한 작은아들은 외국에서 재산을 탕진한다. 유대인과의 관계도 끊겨 이방인에게 의지하여 돼지를 치며 연명하는 처지다. 문득 굶주림에 지쳐 아버지를 기억하는 이기적이고 불완전한 회개를 보이나, 아버지(하나님)는 그것이면 족하다고 하신다.

결국, 아들은 다시 아버지에게 돌아간다. 아버지를 만나면 죄송한 마음에 입에 올릴 여러 대사를 준비하고 자신을 품꾼으로 여겨달라고 하지만, 아버지는 아들을 꾸짖지 않고 오히려 환대하며 변함없이 아들로 맞아 준다. 인간은 입에 발린 소리를 하는 데 익숙하나, 하나님은 모든 순간이 진심이시다.

일터에서 집으로 돌아오던 큰아들이 잔치 소리에 동생 이야기를 듣고 분노에 차서 아버지에게 말한다.

"나와 내 친구를 위해선 염소 새끼 한 마리도 안 잡아 주시지 않았습니까?"

일견 큰아들의 분노는 이해할 만하다.

우리가 그런 동생이 있다면 동일한 불평을 하지 않았을까?

그러나 큰아들은 아버지가 계셨기에 자기가 존재할 수 있다는 가장 중요한 사실을 생각지 않는다. 자기의 수고에만 눈길이 가 있다. 스스로 품꾼보다 못한 존재로 여긴 작은아들은 아들의 신분으로 회복되었지만, 항상 아들이었던 큰아들은 자기 자신을 노예로 여기고 살았다("아버지를 섬겨 명을 어김이 없거늘"[15:29]이라는 말은 자신을 노예로 여기는 표현이다). 아버지에 대한 진정한 공경이 아닌 자기의 수고에 눈길이 가 있는 아들에게는 은혜보다 대가가 중요했다.

흥미로운 것은 항상 집에 머물면서 아버지에게 충실했던 그 아들은 이제 집 밖에 머문다. 집 밖에 있던 아들은 집 안에 있다. 반전이다. 어느 학자는 '나와 내 벗으로 즐기게 할' 것을 요구한 큰아들의 잔치에는 아버지의 자리도, 작은아들의 자리도 없을 것이라고 말한다. 자기 자신을 의롭게 여기고 자기들만의 모임에서 정결을 외치며 먹었던 바리새인들의 잔치에는 하나님도 초대받지 못했다는 말이다.

나의 의를 자랑하며 나와 어울릴 사람만 선정하여 모이는 잔치에 주님이 안 계신다면 무슨 유익이 있는가?

물론, 아버지가의 받아 주심은 작은아들의 행동을 정당화하는 것은 아니다. 그의 죄과를 아버지의 사랑이 뛰어넘는다는 가르침일 뿐이다.

여러분은 이 순간 큰아들인가, 작은아들인가?

내 눈길은 은혜에 가 있는가, 아니면 내 공로와 상급에 가 있는가?

♥ 마음으로 읽는 본문

탕자 비유의 교훈은 다음과 같다.

첫째, 탕자가 회개하고 집으로 돌아올 수 있었던 것처럼 이 땅의 그 어떤 죄를 지은 죄인도 자기의 죄를 고백하고 뉘우치며 하나님께로 돌아올 수 있다.
둘째, 회개 이전에 하나님은 이미 용서하시고 기다려 주신다.
셋째, 동생의 회개에 대해 형처럼 분개할 것이 아니라, 아무리 자격 없는 사람에게라도 은혜를 베풀어 주시는 하나님께 감사하고 기뻐해야 한다.

그러나 이 비유에 대해 아직 마음에 풀리지 않는 사람은 내가 무엇이 문제일지를 다음과 같이 맏아들의 특징을 통해 진단해 볼 수 있다.

첫째, 그는 자기가 회개할 것이 없다고 생각하며 회개하지 않는 사람의 범주에 속한다.

둘째, 그는 자기가 동생과 비교해서 더 낫다고 말하기 위해 충성스럽게 섬겼다는 점에 호소한다. 자기는 아버지의 사랑을 받을 만한 자격이 있지만, 동생은 거부당할 만하다고 생각한다.

셋째, 그는 자기의 의무를 다하면서 아버지에게서 특별한 상 받기를 기대한다(우리가 받은 은혜보다 상급을 염두에 두며 섬기는 것처럼). 그는 꾸준히 섬기는 데서는 거의 기쁨을 느끼지 못하는 것이 분명하다.

넷째, 내 벗으로 즐기게 하려는 그의 야망은 [시행만 되지 않았을 뿐] 둘째 아들이 친구들과 돈을 펑펑 쓰며 신나게 살았던 것과 다를 바 없다.[4]

그렇다면 얼마만큼 회개해야 할까?

정답은 하나님을 만족시킬 만한 회개는 없다. 우리는 곧잘 어느 정도의 헌신을 기뻐하실지를 묻는다.

예수님의 비유를 가르치는 수업 중 다음과 같은 내용의 예화를 읽은 적이 있다. 탕자의 비유와 유사한 유대 랍비의 예화다. 어떤 왕에게 아들이 있었는데 탕자처럼 아버지를 멀리 떠났으나 이내 곤궁과 외로움이 찾아왔을 것이다.

그의 친구들이 말했다.

"네 아버지는 왕이시지 않아. 아버지께 돌아가면 되잖아!"

아들이 말했다.

"벼룩도 낯짝이 있지. 어떻게 그렇게 해. 나는 돌아갈 수 없어!"

그 이야기를 들은 왕인 아버지가 말을 전했다.

---

[4] 데이비드 E. 갈런드, 『강해로 푸는 누가복음』, 701-702.

"아들아, 네가 돌아올 수 있을 만큼만 오너라. 나머지 길은 내가 직접 가서 너를 데려오마."

이제 하나님도 동일하게 말씀하신다.

"내게로 돌아오라. 그러면 나머지 길은 내가 직접 가서 너를 데려오마."[5]

일단 주님께 내가 갈 수 있을 만큼 돌아가자. 주님이 나머지 길은 친히 이끌어 데려가 주실 것이다.

---

5   B. B. Stott, *Here Then the Parable* (Minneapolis: Fortress Press, 1989), 117.

제16장

재물에 대한 지혜를 주시는 주님(눅 16장)

🔍 미리 보는 16장 메시지

- 자기 미래를 예측하여 준비하는 자가 진정 지혜로운 자다.
- 영적으로 부요한 이는 이 땅의 부를 다른 이들과 기꺼이 나눈다. 내세에는 행복과 고통, 두 가지 운명만 있는데, 죽음 후에는 이를 번복할 기회가 없기 때문이다.

❶ 자기 미래를 예측하여 준비하는 자가 진정 지혜로운 자다(16:1-13)

🍃 눈으로 읽는 본문

우선, 불의한 청지기 비유는 예수님의 비유 중 가장 난해한 것으로 유명하다. 청지기가 주인에게 손실을 입힐 정도로 사업을 운영한다는 소식이 주인에게 들렸고, 주인은 물증을 잡고자 장부를 요구한다. 자신이 해고될 것을 직감한 청지기는 실직했을 경우 자기 체력이 약해 육체노동을 감당할 수 없을 것으로 예상하고 꾀를 낸다.

청지기는 주인에게 채무가 있는 자들을 불러 일정 액수를 감해 주며 자기가 해고 되고 나면 그들이 자기의 호의(?)를 잊지 않고 실직한 자신을 도와줄 것을 기대하면서 살길을 모색한다. 놀랍게도 주인은 이 청지기의 처신을 칭찬한다. 그리고 예수님은 제자들에게 청지기가 대표하는 이 세대의 아들들의 지혜로움을 배워야 한다고 말씀하신다.

이 비유는 여러 면에서 어렵다. 채무를 감해 준다는 것은 주인에게 결국 손해가 된다는 뜻인데 주인이 칭찬했다는 점이다.

이러한 면을 해결하기 위해 다음과 같이 여러 가지 해석이 시도되었다.

첫째, 청지기가 감해 준 것은 주인의 재산이 아니라 청지기로서 자기에게 대가로 주어질 수수료를 감한 것이기에 주인의 손해가 아니었다는 해석이 있다.

둘째, 감해 주는 것은 원금보다는 이자의 일부이기에 주인에게는 큰 손해가 아니었을 수 있다는 해석이 있다.

셋째, 주인이 다소 손해가 있었지만, 청지기가 채무를 감해 주어도 결국은 주인의 허락이 없이는 일어날 수 없을 것이라고 생각한 채무자들이 주인의 은혜에 감사하여 소문을 내면서 주인의 명예가 올라갔기 때문에 주인에게는 큰 손해가 아니었다는 해석이 있다.

그러나 이 비유의 본질은 주인이 청지기의 악한 행위를 칭찬한 것이 아니라, 자기에게 찾아올 불행한 결과를 예측하고 운용할 수 있는 재물을 사용하여 미래를 준비했다는 점이다.

맨슨이라는 학자는 이 비유가 전하고자 하는 바에 대해 이렇게 설명한다.

> 칭찬이라는 단어가 꼭 청지기의 계획에 대한 도덕적 찬성의 뜻을 의미하는 것은 아니다. 그 계획에 대한 윤리적 판단은 이미 '불의한 청지기'란 저자 자신의 표현 가운데서 나타나 있다. 그리고 칭찬의 근거는 그가 '슬기롭게 행동했기 때문에'라는 문구에서 나타나고 있다. 칭찬받는 것은 계획의 민

첩성이다.[1]

♥ 마음으로 읽는 본문

이 비유는 빛의 자녀들, 곧 하나님을 믿는 이들은 오히려 자기 미래의 운명에 둔감하지만, 불의한 청지기는 자기의 이익만을 위해서 움직이면서 기민하게 미래를 준비했다는 것이 칭찬받을 만했다는 것을 말해 주고 있다.

그렇다면 불의의 재물로 친구를 사귀라는 말은 무슨 뜻일까?

재물이 불의하다는 것일까?

만일 자기 자신을 위해서 모으는 데만 급급하다면 그리고 그것이 나의 미래를 맡기는 근간이 된다면 재물은 불의한 것이다. 하지만, 누가가 세상적인 부에 대해 다소 부정적인 면을 갖고 있는 것은 사실이나(참조. 6:24-25; 18:24-27), 재물 자체가 불의하다는 말은 아닐 것이다. 누가는 또한 재물의 선한 사용에 대해서도 꾸준히 가르치고 있는 까닭이다.

친구를 사귀라는 말도 불의한 청지기가 채무자와의 우호적 관계를 통해 자신이 머물 공간을 찾아 미래를 준비하듯, 하늘을 벗 삼아 우리가 장차 들어가게 될 하늘의 처소에서의 영화를 위해 땅의 소유에 집착하지 말고 세상의 재물을 구제의 목적으로 관대하게 사용하라는 권면으로 이해될 수 있다(참조. 12:33-34).

주인이 장부를 통해서 청지기의 신실성 여부를 확인하듯, 하나님은 우리 인생의 장부를 가져오도록 하실 것이다. 결국, 하나님 앞에서 우리는 청지기로서 우리 삶의 자취에 대해 결산하는 것을 피할 수 없다. 바울은 사람이 예외 없이 하나님의 심판대 앞에 서서 각 사람이 자기 행한 바

---

1 김득중, 『복음서의 비유들』, 257.

를 직접 아뢰게 될 것이라고 했다(롬 12:12). 따라서 빛의 자녀들인 우리의 시선은 이 땅의 좋은 것만이 아닌 하나님의 영원한 판결에 관심을 가져야 한다.

하나님과 재물을 겸하여 섬길 수 없다는 말씀과 이어지는 부자와 나사로 비유가 주는 가르침과 일맥상통한다.

우리는 어떠한가?

하늘 창고는 비어 있는데 이 땅의 창고에만 쌓아 놓고 안심하며 하나님 대신 우리의 사후에는 아무런 영향을 끼치지 못할 말 그대로 불의의 재물을 섬기는 일에 온 힘을 기울이고 있지는 않는가?

❷ 영적으로 부요한 이는 이 땅의 부를 다른 이들과 기꺼이 나눈다 (16:14-31)

🍃 눈으로 읽는 본문

누가복음 16:14-18까지의 말씀은 앞선 불한 청지기 비유와 이어지는 부자와 나사로 비유와의 연결고리가 되기에는 많이 어색하다. 학자들도 왜 이 말씀들이 여기에 들어갔는지를 고민한다. 그런데도 우리가 간과해서는 안 되는 귀한 가르침이 있다. 먼저 바리새인들이 돈을 좋아한다는 말이 흥미롭다. 모든 바리새인의 성향이 돈을 좋아하는 것은 아닐 것이기 때문이다.

그런데 이어지는 표현이 예수님의 말씀을 듣고 비웃은 것과 돈을 좋아한다는 표현이 연결된다. '비웃는다'에 해당하는 헬라어는 에크뮈크테리조(*ekmuktērizō*)인데, 문자적으로 '코를 높이 들다', 곧 어떤 사람을 매우 얕

잡아 볼 때 쓰는 말이다.[2]

아마도 예수님이 가난한 이들에 대한 관심과 재물의 선한 사용에 대한 말씀을 줄곧 하실 때에도 바리새인들은 예수님에 대한 적대감으로 그 모든 권면을 부정하고 얕잡아 보았을 것이다. 사람들의 인정을 받으려는 것과 높은 신분을 추구하는 일은 결국 우상 숭배와 재물의 지배를 받는 셈이 된다(13절).[3] 스스로 자기 삶과 가르침의 역량에 대해 자부심이 크고 자신을 옳다고 판단했을 것이나 그 행동은 하나님께 미움을 받는 행동이었다.

누가는 연이어 부자와 나사로 비유를 통해 미래에 대한 준비는 재물의 선한 사용과 관련이 있다고 설파한다. 자색 옷을 입고 호의호식하는 부자와 달리 나사로는 입을 것도, 먹을 것도 없다. 그는 부자의 대문 옆에 버려진 채 누워 있다. 나사로(엘르아살이라는 이름의 축약형)는 하나님이 도우신다는 뜻을 가지고 있다. 이 이름은 하나님을 의지할 수밖에 없는 자들의 대명사다.

갑자기 장면이 바뀌며 나사로와 부자가 죽는다. 그러나 죽음이 끝이 아니다. 매일 부족함 없이 살던 부자와 그 부자의 문지방 앞에서 부자의 상에서 떨어지는 음식으로 연명하던 나사로의 운명은 죽는 순간 역전된다. 나사로는 아브라함의 품으로 간다. 아브라함의 품은 복의 장소다. 나사로는 아브라함과 친밀하게 교제하며 그의 곁에 있다. 하나님이 가난한 자에게 긍휼을 베푸시며 가까이 계신다는 누가의 신학과 일치한다.

부자도 곧 죽게 되는데, 그는 음부에서 고통을 당하고 있다. 죽음은 부자의 신분과 상태를 완전히 바꾸어 놓는데, 그의 부요함은 이제 그에게 아무런 쓸모가 없다. 부자는 아브라함에게 간청한다.

2　대럴 벅, 『누가복음 2』, 585.
3　조엘 그린, 『누가복음』, 761.

부자는 아브라함의 자손이라는 신분으로 문제를 해결하려 한다. 세례 요한은 그러한 시도에 대해 경고한 바 있다. 부자는 나사로의 이름을 알고 있었으나 돕지 않았고, 지금도 나사로를 부릴 수 있다고 생각한다. 나사로는 아브라함의 품에 머물고, 부자는 음부에 떨어진다.

누가는 이들의 운명이 갈린 이유를 설명하지 않는다. 그 부자는 부자이기 때문에 벌을 받는 것이 아니라 재물에 대한 탐심으로 다른 사람에게 냉혹하고 무감각한 삶의 자세를 보여 주었기 때문이다. 이 비유는 살아 있을 때의 삶의 방식이 죽은 다음의 숙명을 결정한다는 것을 말해 주고 있다.[4]

♥ 마음으로 읽는 본문

하나님의 자녀라는 이름은 어려움에 처한 이들을 도울 때만 불리기에 합당하다. 불의한 청지기 비유는 자기가 가진 소유로 미래를 대비하게 하는 지혜를 가르쳤지만, 부자와 나사로 비유는 훨씬 더 충격적인 사실을 전한다.

이스라엘의 성경은 하나님의 백성, 곧 믿음의 공동체가 가난한 자들을 돌보아야 한다는 책임성을 가르치는 내용으로 가득 차 있다. 부자와 나사로 비유에서 부자가 아브라함을 진정 '아버지'로 부를 수 있는 대상이며, 자기가 아브라함의 후손이라면, 가난한 이들을 돌보라는 가르침에도 귀를 기울여야 했다.[5]

누가는 하나님의 자녀라는 이름도 이 책임과 떼려야 뗄 수 없는 운명임을 강조한다. 그러나 부자와 나사로 비유가 말하는 것은 구제가 신앙의

---

4   R. T. 프랜스, 『누가복음』, 376-377.
5   조엘 그린, 『누가복음』, 770.

작은 부분이 아닌 다음과 같은 의미를 담고 있다.

"기독교의 비극은 많은 사람의 마음속에서 그저 경건한 윤리적 행동 그리고 미적 감성주의나 약간의 훈훈한 인도주의적 박애로 가득 찬 막연한 유신론적 믿음들과 동일시되는 것이다."[6]

기독교적 신앙을 남을 도왔다는 훈훈한 미담과 동일시하지 말라는 뜻이다. 부자와 나사로의 비유는 그 구제 행위가 나의 영원한 운명을 결정한다고 말한다.

구제는 선택인가, 필수인가?

누가는 선한 사마리아인의 비유, 어리석은 부자의 비유, 가난한 자들을 대접하라는 가르침, 탕자의 비유와 불의한 청지기의 비유를 통해서도 건강한 재물 사용에 대한 권고를 꾸준히 해왔고, 나중에 재물의 사용에 대한 가르침은 부자 관원 이야기와 삭개오 이야기를 통해 정점에 도달할 것이다.

부자는 이름을 알고 있을 정도로 익숙한 나사로에게조차도 아무런 도움의 손길을 주지 않고 개인의 사욕만 누리다가 그 운명에 처한 것이다.

부자 스스로 자기 가족들에게 나사로를 보내 음부의 참상을 전하면 회개할 것이라고 말하여 자기 처지가 회개하지 않는 삶 때문이었음을 자인한다. 아브라함은 모세와 선지자들의 소리를 듣지 않으면 죽은 자가 살아나서 하는 권함도 듣지 않을 것이라고 하여, 이미 음부에 대한 경고가 충분히 전해지고 있음을 말한다.

나를 향한 회개를 촉구하는 소리가 도처에서 들리고 있지만, 그 부자와 일가처럼 애써 귀를 막고 있지는 않은가?

16장의 내용은 다음과 같이 정리할 수 있다.

---

6 데이비드 E. 갈런드, 『강해로 푸는 누가복음』, 401.

첫째, 당신에게 주어진 자원을 지혜롭게 활용하고 행동하라.
둘째, 영원의 관점을 갖고, 피할 수 없는 미래에 대해 미리 계획하라. 인생은 짧고 하늘의 가치를 가진 것만이 영원하다.
셋째, 작은 일, 구제에 책임을 다하라. 그것이 우리의 운명을 결정지을 수 있다.
넷째, 정말로 중요한 주인, 즉 궁극적이고 영원한 주인인 하나님만을 섬겨라.[7]

---

7   R. T. 프랜스, 『누가복음』, 368.

제17장

감사로 기억되길 기뻐하시는 예수님(눅 17장)

🔍 미리 보는 17장 메시지

- 우리가 아무리 최선을 다해도 하나님을 향한 우리의 의무를 다했다고 할 수 없다.
- 믿음은 다른 이를 향한 편견을 벗어 버리게 하고 감사로 그 믿음을 드러낸다
- 앞으로 올 하나님 나라를 고대하는 자는 현재 도래한 하나님 나라를 먼저 인식하고 일상의 삶을 믿음 안에서 충실하게 산다.

1 우리가 아무리 최선을 다해도 하나님을 향한 우리의 의무를 다했다고 할 수 없다(17:1-10)

🌿 눈으로 읽는 본문

15장에서 회개할 것 없는 의인은 없다고 했다. 제자들 역시 완성형의 제자들이 아니라 완성되어 가고 있는 미완성의 제자들이다. 당연히 그들의 언행으로도 다른 사람들을 실족시킬 수 있는 존재들이다. 그리하여 예수님은 제자들 스스로 조심하도록 권고하시는데, 살아가면서 다른 사람들을 실족하지 않게 하는 것이 좋으나 그런 일이 일어날 수밖에 없음을 인정하신다.

그런데도 작은 자, 곧 사회의 언저리에서 살아가는 약한 자들을 이런저런 이유로 실족하게 하는 자는 비유적이지만, 연자 맷돌에 목이 매여 바다에 던져지는 것이 나을 만큼 큰 죄가 됨을 강조하신다. '실족하게 하는 것'이라는 표현은 잘못된 신앙관을 갖게 하는 것, 혹은 신앙을 버리게 하는 것을 포함하여 일시적이든, 영속적이든 영적 실패의 원인이 되는 것을 말한다.

이제 막 믿음을 갖게 된 제자는 먼저 믿은 이들의 나쁜 모방뿐만 아니라 불친절, 악한 행동, 심지어 실질적으로 행하지 않았을지라도, 악의적인 소문만으로도 신앙에 상처를 입는다.[1] "오얏나무 아래서는 갓끈을 고쳐 매지 말라"는 속담이 여기에도 적용될 수 있다. 불필요한 오해를 불러일으켜 새로운 신자들이 시험에 들 수 있는 상황을 아예 만들지 않는 것이 좋다는 말씀으로 이해해도 좋다. 제자는 다른 사람의 삶과 믿음의 영역에 대해 온전한 책임이 있다.

그러나 먼저 믿은 제자들도 항상 넘어질 가능성이 있기에 형제가 죄를 범하거든 책망하고 회개하는 자에게는 용서에 대한 조건을 걸지 말고 용서하라고 하신다. 랍비들은 세 번 용서하면 그것으로도 충분하다고 했으나(b. Yoma 86b-87a) '하루 일곱 번이라도'라는 표현은 숫자를 세는 것이 아닌 한 없는 용서를 의미한다.[2]

그리고 책망은 '나는 그런 죄를 짓지 않았다'고 자랑하거나 안도하면서 도덕적 우위의 마음을 갖고 저격수가 되는 것이 아니라, 그의 죄가 곧 나의 죄라는 마음에서 출발해야 한다. 다른 사람을 책망하기 전에 다음과 같은 마음가짐이 필요하다.

---

1   R. T. 프랜스, 『누가복음』, 381.
2   R. T. 프랜스, 『누가복음』, 382.

"책망에는 하나님 앞에서 갖는 [다른 사람들과의] 공통의 죄책에 대한 인식과 그로 인한 무조건적 용서의 정신이 수반되어야 한다."[3]

우리는 하나님 앞에서 형제자매의 믿음에 대해서도 공동 책임이 있다는 뜻이다.

♥ 마음으로 읽는 본문

우리는 사람들로 내 신앙과 삶에서 예수님을 보게 해야 한다. '실족하게 하는 것'으로 번역된 헬라어 스칸달론(skandalon)은 죄를 범하게 하는 중대한 유혹을 말하며, 특히 다른 사람을 배교나 불신앙의 자리로 이끄는 원인 제공을 가리킨다.

CBS 기독교 방송에서 그리스도인이었다가 교회에 나가지 않는 소위 '가나안 교인들'의 생각을 묻는 설문 결과를 보도했다. 교회를 떠나는 이유에 대해, 자유로운 신앙을 원해서가 30.3퍼센트였고, 목회자에 대한 불만이 24.3퍼센트, 교인들에 대한 불만이 19.1퍼센트, 신앙에 대한 회의가 13.7퍼센트였다.

결국, 목회자와 교인들의 이중적 모습과 위선 그리고 부도덕이 걸림돌이 되었을 가능성이 43.4퍼센트에 이른다. 교회에 재출석한다면 희망하는 교회에 대한 질문에는 '올바른 목회자가 있는 교회', '공동체성이 강조되는 교회', '부정부패 없이 건강한 교회'라고 답하여 역시 목회자와 교회의 거룩함과 정결함이 신앙생활을 재개하는 주요 원인이 될 수 있음을 알게 한다.

작금의 한국 교회 상황에서 어느 목회자가, 어느 성도가 걸림돌이 되었다는 지적과 사회적 지탄은 너무나 큰 아픔이다. 이에 대해 앞서 공통의

---

[3] 데이비드 E. 갈런드, 『강해로 푸는 누가복음』, 754.

죄책으로 나아가야 한다고 했다. 개인의 일탈이 아니라 우리 모두의 책임이다. 걸림돌이 될 수 있는 상황에서 자유로울 사람은 없다. 우리가 가볍게 그러나 생각 없이 내뱉은 말에도 크게 상처 입는 이가 있을 수 있기 때문이다. 우리의 언행에 더욱 신중을 기해야 할 이유이다.

그러나 실족한 자에게 임하는 심판에 대한 경고는 비극적 운명에 대한 두려움을 안기고자 함이 아니라, 우리를 언행의 진중함, 신실함과 정직, 온유함과 용서와 겸손으로 초대하는 것이다. 그리하여 17장의 나머지 말씀들은 실족지 않게 하기 위한 방편으로, 나는 무익한 종이라고 말하는 종으로서의 겸손함, 사람들을 차별하여 대하지 않으며, 받은바 은혜를 잊지 않고 감사하며, 일상사에 함몰되어 하나님의 심판을 망각하는 것이 아니라 영적으로 깨어 있는 것에 집중한다.

그리고 용서에 대한 권면은 실제적이다. 남을 실족시키지 않고, 남들의 허물을 용서하라는 권면에 대해 제자들은 우리의 마음도 마찬가지이지만, 현재보다 더 큰 믿음이 요구된다고 생각했을 것이다. 학교에서도 가르치다 보면 용서의 이슈는 항상 학생들의 민감한 반응을 일으켰고, 우리 학교 채플에서 오신 목사님이 설교하면서 친구를 용서하는 데 20년 걸렸다고 솔직히 말씀하시는 데 매우 공감이 갔었다.

그만큼 용서는 순종이 쉬운 권면이 아니다. 그리하여 용서에는 보다 특별한 믿음이 필요한 것으로 생각한 제자들이 '우리에게 믿음을 더하소서'라고 요청한 것이다. 하지만, 예수님의 답변은 뜻밖이다. "너희에게 겨자씨 만한 믿음이 있었더라면"의 조건문은 제자들에게 믿음이 있다는 것을 전제로 하신 말씀이다. 누가복음 22:32에서 예수님이 온갖 실패에도 베드로와 제자들의 믿음이 떨어지지 않게 기도하셨다는 말씀과도 일맥상통한다.[4]

---

4 데이비드 E. 갈런드, 『강해로 푸는 누가복음』, 755.

제자들은 믿음의 크기와 분량이 기적을 일으킨다고 생각했으나, 예수님은 아무리 작은 믿음이라도 예수님에 대한 신뢰만 있다면 얼마든지 불가능한 일을 가능케 할 만큼의 큰 능력을 발휘하게 한다고 하신다. 우리의 믿음을 과소평가하지 말자.

우리가 앞에 있는 장벽에 주눅 들고 위축되는 것은 믿음이 작기 때문일까 아니면 예수님을 신뢰하지 않기 때문일까?

예수님이 용서를 위해 믿음을 더할 필요가 없다고 말씀하셨다면 그리고 우리가 겨자씨만 한 작은 믿음도 갖고 있다면, 우리가 용서하지 못함에 대하여 변명할 수 있는 구실은 완전히 사라졌다. 용서는 필수다.

한편, 예수님의 권고대로 실족하게 하지 않도록 자신을 경계하고 용서하며, 불가능한 일을 가능케 하는 역사를 감당하다 보면 바리새인들처럼 자기 업적에 취할 수 있다. 그리하여 이 단락의 네 번째 권면은 순종을 다한 종의 자세에 대해 가르친다. 주인이 명한 모든 수고를 다 한 신실하고 겸손한 종은 주인 앞에서 이렇게 말할 것이다.

"우리는 무익한 종이라, 우리가 하여야 할 일을 한 것뿐입니다."

❷ 믿음은 다른 이를 향한 편견을 벗어버리게 하고 감사로 그 믿음을 드러낸다(17:11-19)

🌱 눈으로 읽는 본문

예수님이 예루살렘을 향해 가시면서 사마리아와 갈릴리 사이를 가실 때, 한 마을에서 나병 환자 열 명을 만나셨다. 예수님께 고쳐 주시기를 간청할 때, 예수님은 구약에 제시된 나병 환자 치유 확인과 사회 복귀의 절차에 따라 제사장에게 가서 그들의 몸을 보이라고 하셨고(레 13-14장), 그들이 순종하여 가는 동안 나병이 깨끗이 나았다. 그중 아홉 명의 유대인은 치유되자마자 떠나버렸고, 한 명의 사마리아인만이 와서 감사를 표했다.

아홉은 어디로 갔을까?

사회적 복귀가 먼저 급했기 때문에 제사장에게 갔을 것이다. 하지만, 사마리아인만이 '제대로 된 곳으로 왔다.' 사회적 복귀보다 더 중요한 것은 우리의 치유와 회복이 어디에서 시작되었는지를 기억하는 것이다.

마태복음 12:43-45에 보면, 예수님은 지금의 치유가 중요한 것이 아니라, 그 삶을 주님으로 채우는 것이 중요하다고 말씀하셨다. 즉, 더러운 귀신이 나간 다음에 그 영혼이 무주공산이 되어버리면 쫓겨 나갔던 귀신이 더 악한 일곱 귀신을 데리고 들어와 나중 형편이 더 악화될 수 있다고 비유적으로 말씀하셨다.

♥ 마음으로 읽는 본문

유쾌하지 않은 표현이지만, "호의가 계속되면 권리인 줄 안다"라는 영화 대사가 있다. 유대인들은 하나님의 호의로 선민이 된 것이지만, 하나님의 호의가 권리가 되고 말았다. 하나님의 호의에 익숙지 않은 사마리아인은 자신에게 임한 은혜의 근원을 찾아 예수님께 나아왔다. 은혜가 낯선 이들은 은혜를 바로 알아차리지만, 호의에 익숙한 자들은 은혜를 입어도 은혜 입은 줄 모른다.

우리는 어느 쪽에 속하는가?

문제가 해결될 때마다 주님 안에서 다시 감사로 시작하자.

"네 믿음이 너를 구원하였다"(마 9:22).

이 말씀은 단순히 육신의 치유만이 아닌 구원의 도래를 말씀하신다. 그의 구원은 예수님의 치유로부터 온전한 유익을 얻었으며 하나님과 올바른 관계에 놓여 있다는 것을 의미한다.[5] 감사 없이는 하나님과 온전한 관계를 맺을 수 없다.

하나님께 간구하여 응답은 받았으나, 감사하지 않았을뿐더러 내가 그 일을 간구하여 하나님의 도우심을 받았던 일조차 망각한 적은 없는가?

은혜를 입고도 주님이 우리 삶의 주인 됨을 망각한다면, 우리 존재가 무주공산이 된다면 하나님의 은혜를 입었으나, 이후의 삶은 훨씬 악한 상황이 찾아올 수 있다는 경고를 가볍게 여기지 말아야 할 것이다.

❸ 앞으로 올 하나님 나라를 고대하는 자는 현재 도래한 하나님 나라를 먼저 인식하고 일상의 삶을 믿음 안에서 충실하게 산다(17:20-37)

✒ 눈으로 읽는 본문

바리새인들이 예수님께 여쭈었다.
"하나님의 나라가 어느 때에 임합니까?"
바리새인들은 로마가 여전히 유대 땅을 다스리고 있고, 이스라엘을 괴롭힌 대적들이 심판받지 않았기에 아직 하나님의 나라가 임하지 않았다고 판단했다. 예수님은 하나님의 나라는 볼 수 있게 임하는 것이 아니며 '여기 있다, 저기 있다' 할 수 있는 장소나 공간의 개념이 아닌 이유는 하나님 나라가 너희 안에 있기 때문이라고 하셨다.

우리를 곤혹스럽게 하는 표현이 '너희 안에 있다'는 말씀이다. 여기에 대해 여러 해석이 있다. 우선 '너희'를 바리새인으로 보면 더욱 어색하다. 바리새인들 안에 하나님 나라가 있다는 말씀이기 때문이다. 따라서 '너희

---

[5] 대럴 벅, 『누가복음 2』, 668-669.

안에'를 너희 손이 미칠 수 있는 곳, 너희가 소유할 수 있는 곳에 있다는 말씀으로 이해하여, 하나님 나라가 너희가 들어가고자 한다면 언제나 들어갈 수 있는 가까운 곳에 있다는 말씀으로 해석한다.

그러나 이 해석도 약점이 있는데 하나님 나라에 들어가는 일에 있어 인간적 역할이 지나치게 강조되며, 언제 임하느냐는 바리새인들의 질문에 어떻게 들어가는지를 답하는 모양새가 되어 문맥상 어색하다. 좀 더 설득력 있는 해석은 '너희 안에'를 '너희 가운데'로 해석하여 이미 너희가 보는 앞에서, 곧 예수님의 선포와 병 고침을 통해서 하나님의 나라가 펼쳐지고 있다는 것이다.

하나님 나라는 예수님의 사역 안에서 이미 와 있다. 그러나 이것은 인자가 장차 영광 가운데 임하실 그날의 도래를 의미하는 것은 아니다. 하나님 나라는 이미 시작되었으나 아직 완성되지는 않았기에 예수님이 모든 사람이 보는 앞에서 영광 가운데 오시는 날은 아직 미래로 남아 있다. 그런데도 이 해석의 장점은 미래에만 가 있는 바리새인들 그리고 그리스도인들의 시선을 현재로 끌어오는 효과도 있다.[6]

미래적 하나님 나라에만 전념하다 현재 제자가 할 일을 잊을 수 있기 때문이다. 그리하여 그날이 임하기 전에 인자는 고난을 받아야 하며 제자들 역시 종말이 오기 전 믿음을 잃어버리고 넘어지면 안 되기에 잘 인내할 것에 대한 권면이 이어진다.[7]

그렇다면 심판의 도래는 갑작스러울 것인가, 아니면 징조를 통해 예측 가능한가?

노아가 방주에 들어가던 시점에도 사람들이 먹고, 마시고, 장가들고, 시집가더니 홍수로 멸망했으며, 롯의 때도 사람들이 먹고, 마시고, 사고팔

---

6 데이비드 E. 갈런드, 『강해로 푸는 누가복음』, 774-775.
7 대럴 벅, 『누가복음 2』, 689.

고, 집을 짓더니 하늘로부터 유황이 비 오듯 하여 멸망했다.

예수님이 나타나는 날도 그러할 것이라고 하셨다.

> 내가 너희에게 이르노니 그 밤에 둘이 한 자리에 누워 있으매 하나는 데려감을 얻고 하나는 버려둠을 당할 것이요 두 여자가 함께 맷돌을 갈고 있으매 하나는 데려감을 얻고 하나는 버려둠을 당할 것이니라(눅 17:34-35).

마태복음은 병행 본문에서 두 사람이 밭을 갈다가 한 사람은 데려감을 당하고 한 사람은 남겨질 것이라고 말한다(마 24:40). 침상, 맷돌, 밭은 사람들의 일상을 나타내는 표현이다. 평범한 일상이 우리의 운명을 가른다.

바리새인들은 징조를 구하나 예수님은 일상이 징조라고 강조하신다. 어떤 이들의 주장과 달리, 종말은 가정과 직장을 포기하고 기도와 찬송과 전도에만 전념하는 특별한 프로그램을 준비시키지 않는다. 종말은 우리의 일상에서 준비하는 것이다. 다만, 이 세상의 소유에 집착하다가 멸망한 롯의 아내를 기억해야 한다.

제자들은 주님 오심의 상황에 대한 설명이 여전히 어려웠다. 그러나 예수님은 독수리들이 멀리서도 주검을 감지하면 몰려들기에 독수리들이 있는 곳에는 주검이 있다는 것을 누구나 알듯이, 주님의 재림 시기와 장소는 모든 사람이 보게 될 것을 말씀하셨다.

♥ 마음으로 읽는 본문

세상의 종말에 대해 사람들은 대개 두 개의 입장을 갖는다. 어떤 이들은 세상을 관할한 신은 없으며, 따라서 심판도 종말도 없다고 생각한다. 신이 있다고 한들 이 세상에는 관심이 없을 것이라고 자의적으로 생각한다. 그러한 이단이 초대 교회에도 있었는데, 바로 베드로후서에 나타난

거짓 교사들이다. 베드로는 주께는 천년이 하루 같고 하루가 천년 같다 하면서 하나님이 심판은 언제든지 임할 수 있다고 하여 거짓 교사들의 오만을 정면으로 반박한다(벧후 2-3장).

어떤 이들은 종말의 징조를 알기 위해 부단히 노력한다. 그러나 예수님은 하나님의 나라는 이미 우리 안에서 시작되었고, 종말은 징조가 필요치 않고 모두가 인지할 수 있는 방식으로 피할 겨를도 없이 임하기에 깨어 준비하도록 끊임없이 말씀하신다.

환경오염 문제와 그에 따른 이상기후들 그리고 과거가 비할 수 없이 잔혹해지는 범죄를 생각한다면, 우리는 언제든 주님이 오셔도 이상하지 않은 시대를 살고 있다. 징조를 구하는 것은 자신의 죄악을 연장하겠다는 다른 시도가 될 수 있다.

종말은 온다. 따로 징조를 구하지 않아도 온다. 우리는 뒤를 돌아보다 멸망한 롯의 아내처럼 되지 않도록 깨어 주님만을 바라보며 믿음의 경주를 위해 최선을 다하며 그날을 준비해야 할 뿐이다(눅 17:32; 히 12:1-2).

제18장

겸손하며 낙심치 않고 쉬지 않는 기도를 들으시는 주님(눅 18장)

미리 보는 18장 메시지

- 우리는 쉬지 말고 기도하며 낙심치 말아야 한다.
- 하나님 앞에 교만한 기도가 들어설 자리는 없다.
- 부가 제공하는 안락으로 하나님을 대체해서는 안 된다. 내 소유의 우선권을 포기할 때 영생이 열린다.
- 하나님 나라의 삶은 어린아이와 같은 믿음으로 시작된다. 우리는 하나님께 나아갈 수 있는 자를 결정할 수 없다. 예수님은 아무런 차별 없이 모두를 부르신다.

1 우리는 쉬지 말고 기도하며 낙심치 말아야 한다(18:1-8)

눈으로 읽는 본문

누가복음 18장은 기도에 대한 가르침으로 알려져 있다. 이른바 '과부와 불의한 재판장' 비유(18:2-8)와 '바리새인과 세리의 기도' 비유(18:9-14)가 들어 있고, 18장 자체가 "예수께서 그들에게 항상 기도하고 낙심하지 말아야 할 것을 비유로 말씀하여 이르시되"라고 시작하기 때문이다(1절). 예수님은 그 비유를 통해 과부의 끈질긴 간청에 불의한 재판관도 굴복할

진대, 긍휼이 많으신 하나님께서 그 밤낮 부르짖는 택하신 자들의 원한을 풀어주시지 않겠는가 말씀하시면서 어떤 이유로든 기도를 중단하지 말고 지속할 것을 권고하신다.

특이한 것은 이 과부와 불의한 재판관 비유의 위치다. 종말에 대한 가르침(17:22-37)이 포함된 17:30은 "인자가 나타나는 날에도 이러하리라"고 말씀하며, 과부와 불의한 재판장 비유의 종결 부분인 18:9에도 '인자가 올 때'라는 말씀이 있어, 앞뒤의 유사 문구로 괄호를 치고 가운데 내용을 강조하는 문학 기법 인클루지오(inclusio)를 형성한다. 이 비유 속에는 인자가 오시기까지 성도가 기억해야 할 기도의 모범이 담겨 있다는 뜻이다.

참을성 없는 인간들은 지체되는 것을 싫어하며, 하나님이 시간을 잘 지켜(?) 자기의 필요를 즉각적으로 채워 주시길 기대하거나 하나님이 즉각적인 응답을 강요한다.[1] 그러다가 하나님은 여전히 신실하심에도 스스로 낙담하고 좌절하곤 한다.

과부와 재판관의 비유는 17장에서 말한 종말의 때에 그리스도인들이 맞닥뜨릴 여러 장애와 환난과 억울함에 대해 반드시 하나님이 신원해 주실 것을 기대하며 기도를 중단하지 말 것에 대한 권면이다.

특별히 8절의 "인자가 올 때에 세상에서 믿음을 보겠느냐?"라는 말씀은 일견 과부와 불의와 재판장 비유가 주님의 재림 그리고 믿음과 무슨 관련이 있을까 싶다. 그 비유의 결말에서 초점이 바뀌는데, 과연 하나님이 우리의 기도에 응답하실 것인가가 아니라, 내가 원하는 때와 방식으로 기도가 응답되지 않을지라도, 우리가 주의 재림 때까지 하나님의 신실하심을 끝까지 신뢰할 것인가를 묻는 것이다.

---

1 데이비드 E. 갈런드, 『강해로 푸는 누가복음』, 785.

주님의 재림, 곧 하나님의 온전하신 신원하심의 때까지 중단하지 않는 지속적인 기도가 그 사람의 믿음의 증거가 된다는 것이다.[2]

♥ 마음으로 읽는 본문

그리하여 이 비유는 '하나님이 우리의 기도에 응답하실 것인가?'가 아니라 '기도하는 우리가 하나님의 신실하심을 얼마나 그리고 어떻게 신뢰할 것인가?'로 방향을 전환한다. 그리스도인들은 끝까지 견뎌야 하는데, 기도를 통해서 그렇게 될 수 있다. 기도는 믿음을 북돋고, 힘없이 늘어진 손을 들어 올리며, 약한 무릎을 강하게 할 수 있다.[3] 그리하여 성도 안에서 지속적인 기도와 믿음은 서로 상승 작용을 한다.

기도를 들어주시는 하나님과의 중단 없는 교제는 건강한 제자의 표식이다. 우리는 신속하고 우리가 원하는 방향의 답이 주어지면 "할렐루야!" 하고 하나님을 찬양한다. 그러나 자기 생각과 다른 방향이나 무응답, 더딘 응답에 의기소침해한다.

우리가 아는 대로 하나님의 응답은 항상 기도하는 자가 원하는 방향이 아닐 수 있다. 아니, 아닌 경우가 더 많다. 때로는 하나님의 응답은 '안 돼!'일 수 있고, 때로는 '좀 더 기다려라!'일 수 있다.

"기도의 응답이 늦다고 느껴지는 것은 하나님이 듣지 않으시기 때문이 아니라, 바로 그분이 들으시기 때문에 그렇게 하는 것이다."

이 말이 당신에게 어떻게 다가오는가?[4]

---

2 R. T. 프랜스, 『누가복음』, 381; 데이비드 E. 갈런드, 『강해로 푸는 누가복음』, 792.
3 데이비드 E. 갈런드, 『강해로 푸는 누가복음』, 792.
4 마이크 윌코크, 『누가복음 강해』(서울: 한국기독학생회출판부, 2011), 224-225.

❷ 하나님 앞에 교만한 기도가 들어설 자리는 없다(18:9-14)

> 📝 눈으로 읽는 본문

　과부와 불의한 재판장 비유가 주님이 오시기까지 자기의 억울함을 신원해 주실 주님에 대한 소망을 놓지 않는 끈질긴 기도와 믿음을 권면했다면, 바리새인과 세리의 기도는 하나님의 긍휼을 기대하는 자가 갖추어야 할 기도의 덕목을 제시한다.

　바리새인과 세리는 여러 가지 면에서 비교되는데 두 사람은 서로 다른 방식으로 하나님 앞으로 나아간다. 우선 바리새인은 자신이 토색, 불의, 간음하는 자 그리고 세리와 같지 아니하고 금식과 십일조를 드린다고 기도하여(11-12절), 남에 대한 배려는 없고 독선과 자기 자랑으로 일관한다.

　바리새인은 11-12절에서 하나님에게 다섯 번의 '나'라는 일인칭 주어로 말한다. 반면에 세리는 하나님을 주어로 말하면서 자신은 감히 하나님께 나아갈 자격이 없으며 하나님의 자비가 필요할 뿐이라고 한다.

　또한, 세리는 똑바로 서서 하늘을 향해 나팔 불듯 기도하는 바리새인과 달리, 멀리 서서 감히 눈을 들어 하늘을 쳐다보지도 못하고 다만 가슴을 치며 기도한다(13절).

　"하나님이여, 나를 불쌍히 여기소서 나는 죄인입니다."

　예수님은 바리새인이 아닌 이 세리가 의롭다 하심을 받고 집으로 평안히 갔다고 말씀하신다.

　"자기를 높이는 자는 낮아지고 자기를 낮추는 자가 높아지는" 원리가 기도에도 적용된다는 말씀이다(14절).

♥ 마음으로 읽는 본문

당연히 당시 사람들은 하나님이 바리새인의 기도를 세리의 기도보다 더 잘 들어주실 것으로 생각했을 것이다.

이 비유 속 바리새인의 기도는 어떤 문제점을 갖고 있는가?

첫째, 자기와 하나님 사이에는 모든 것이 제대로 되어 있다고 생각하면서 의기양양하며 자기만족 속에 산다.

둘째, 일반적인 유대인이 일 년에 한 차례 대속죄일에 금식한 반면, 일주일에 주로 월요일과 목요일에 행한 두 차례의 금식은 율법이 요구하는 것 이상을 수행하는 열심을 보인 것이다. 그러나 순전한 열심보다는 자기 자랑으로 변질된다.

셋째, 그는 자기들을 다른 사람과 비교하면서 안전감을 느낀다. 하나님이 다른 사람에게 보여 주실 자비와 긍휼을 용납하지 못한다. 하나님은 자기만을 바라봐야 한다고 생각한다. 따라서 다른 사람을 경멸하는 그의 경건함에는 악이 배어 있다.

넷째, 남에 대한 경멸적 판단에 동의해 주시라고 하나님을 강요한다.

다섯째, 가장 중요하게 오직 하나님만 거룩하시다는 것을 잊어버린다.[5] 하지만, 우리가 잊지 말아야 할 함정이 있다. 이 비유를 듣는 이들 가운데 자기 의에 사로잡힌 속물을 미워하고, 자기들을 세리와 같은 범주에 포함시키며 안도하는 이들이 있다.

혹 우리도 자신을 세리와 동일시하며 자기 의에 사로잡힌 바리새인보다 자기가 예의 바르고 겸손함을 암묵적으로 감사하고 있지 않는가? 그리고 어느 교회학교 교사처럼 이러한 기도를 드리고 있지 않는가?

---

[5] 데이비드 E. 갈런드, 『강해로 푸는 누가복음』, 800-801.

"자, 얘들아, 고개를 숙이고 우리가 저 바리새인 같지 않다는 것을 하나님께 감사하자."[6]

나의 기도는 과연 바리새인보다 나은가?

무엇이 잘못된 것일까?

나도 세리, 어린아이, 맹인과 다를 바 없이 은혜에 기대어 사는 자임을 잊지 말자.

3 부가 제공하는 안락으로 하나님을 대체해서는 안 된다(18:18-34)

눈으로 읽는 본문

한 부자 관리가 예수님께 여쭈었다.

"내가 무엇을 하여야 영생을 얻으리이까?"

부자임에도 영생에 관한 관심 표명은 긍정적이다. 이 땅에만 매인 인생이 적지 않기 때문이다. 그런데도 아직 내가 무엇을 해야 한다고 생각하여 하나님 나라에 들어가는 것을 성취에 대한 것으로 이해한다.

예수님은 하나님 한 분 외에는 선한 이가 없다는 당혹스러운 말씀을 하신다. 이 말씀은 예수님은 선하지 않다는 것이 아니라, 자기 의로 나아가고 하는 이들이 많은 상황에서 선하다고 생각할 수 있는 분은 하나님이 유일하다는 반어적 표현이다.

그 관리는 어려서부터 주의 계명에 표면적으로는 충실하고 건강한 신앙인의 모습을 보인다. 자랑할 만하다. 마가복음 10:22은 예수님이 그를 사랑하셨다고 하여 그의 경건한 삶에 대해 인정하신다.

---

[6] 데이비드 E. 갈런드, 『강해로 푸는 누가복음』, 802-803.

그러나 예수님은 곧잘 정곡을 찌르신다. 사람마다의 아킬레스건을 정확히 아신다. 그에게는 재물이었다. 한 가지 부족한 것이 있으니 재물을 팔아 가난한 자에게 나누어 주고 예수님을 따르라는 명령을 하신다. 재물이 많았던 그는 심히 근심하며 주저하는 모습을 보인다(18-23절). 아마도 관리의 생각에는 하나님 나라에 들어가는 것은 따 놓은 당상이라는 생각이 짙었을 것이다.

그러나 결국 그는 하나님 나라보다는 재물에 관심이 더 많았다. 부자가 하나님 나라에 들어가는 것이 낙타가 바늘귀에 들어가는 것만큼 어렵다는 말씀에 제자들은 충격을 받았을 것이다. 부자는 하나님의 축복이라는 생각이 팽배했다. 하나님 우선순위의 문제에 걸려 넘어졌다.

♥ 마음으로 읽는 본문

여러분의 아킬레스건은 무엇일까?

우리는 나름 신앙생활을 잘하고 있다고 판단할 때가 있다. 그러나 그러한 자기 확신은 한 순간에 무너질 수 있다. 내가 하나님 대신에 어떤 것을 하나님의 자리에 두고 있는 바로 그것이 하나님에 의해 지적될 때이다.

작금에 하나님의 뜻을 따르는데 절대 포기하지 못하고 있는 것은 무엇인가?

낙타가 바늘귀로 들어가기보다 어려운 것은 그 부자에게만 해당하는 것이 아니다.

여러분으로 하나님 나라라는 바늘귀로 들어가지 못하게 하는 여러분의 낙타는 무엇인가?

주님이 여러분에게 나를 따라오려거든 바로 그것을 버리라고 명하시는 나만의 아킬레스건은 무엇인가?

4 하나님 나라의 삶은 어린아이와 같은 믿음으로 시작된다(18:15-17, 35-43)

🍃 눈으로 읽는 본문

사람들이 예수님이 만져 주심을 바라고 자기 어린아이를 데리고 왔다. 요즘은 덜하지만, 과거에는 자녀를 데리고 와서 목사님이 기도해 주시기를 바라는 부모가 많이 있었다. 당연히 유대 사회에서도 덕망 있는 랍비들의 축복을 기대하는 부모가 적지 않았다. 사람들이 예수께서 만져 주심을 바라고 어린 아기를 데려오자, 제자들이 꾸짖는다(15절).

바리새인들이 누가 하나님 나라에 적합한지를 판단하고 자기만을 그 대상이라고 생각했던 오만을 제자들이 따라 하며 누가 예수님께 나아갈 수 있고 없는지를 정하고 있다. 사실 제자들도 늘 실패하여 어린 아기처럼 주님이 오라 하지 않으시면 주께 나아갈 수 없는 무가치한 존재들이다.

우리는 우리의 능력과 경험을 믿고 자신을 과대평가한다. 그러나 생존을 위해서는 부모의 도움이 절대적인 어린 아기처럼 우리는 아무리 제자가 되었어도 하나님의 절대 보호 없이는 한 순간도 살 수 없음을 인정해야 한다.

나를 지탱한다고 믿었던 것이 한순간에 무너지는 것을 경험해 보지 않았는가?

한편으로는 어린아이가 언급될 때마다 아이들의 수용성, 겸손함, 신뢰 등 주석가들이 갖는 이상적인 특징을 떠올리기 시작하나, 누가복음의 관점은 조금 다르다. 당시 어린아이의 개념은 당장은 쓸모없어 언제든 버려도 되는 무가치한 존재로 여겨졌다.

따라서 예수님의 말씀은 다음과 같은 이해로 접근해도 괜찮다.

"어린아이들을 영접하는 것은 인간 사회의 가장 낮은 사람들조차 받아들이고 존중하는 것이다."[7]

내가 품을 수 있는 사람의 한계는 어디까지인가?

그리고 나를 아는 사람 중에서 내가 그 어린아이만큼 무가치하다고 여기는 사람이 있을 수 있다는 것을 아는가?

쉽게 남을 판단하지 말라. 우리는 모두 예외 없이 주님 은혜의 대상이다.

마지막으로 맹인은 나사렛 예수가 지나가신다는 말씀을 듣고 큰 소리로 외쳤다.

"나를 불쌍히 여기소서."

여기에서도 놀랍게도 제자들 혹은 그리스도를 따라가는 자들로 추정되는 앞서가던 자들이 꾸짖어 그가 예수께 나아가는 것을 가로막는다(35-39절). 제자들이 무시했던 어린아이들처럼 맹인도 무리에 의해 성가시고 귀찮은 존재로 여겨진다. 입을 다물라고 윽박지른다. 사회에는 효용성에서 쓸모없는 자들의 자리는 없다는 생각이다.

맹인의 끈기에 예수님은 네게 무엇을 하여 주기를 원하는지 물으셨다. 맹인은 동냥을 원했을 수 있으나 한 푼 적선이 아닌 보기를 원했다. 그의 인생 자체가 바뀌기를 원했던 것이다.

주님이 내게 무엇을 원하냐고 물으신다면 무엇을 구할 것인가?

당장의 승진과 부자가 되는 길을 찾을 것인가?

삶의 전환점이 될 변화를 원할 것인가?

나는 주님이 무엇을 하여 주길 원하느냐 물으신다면 무엇이라고 답할 것인가?

---

[7] 데이비드 E. 갈런드, 『강해로 푸는 누가복음』, 809.

♥ 마음으로 읽는 본문

목사, 장로, 권사, 안수집사 등의 직분은 힘인가?

놀랍게도 어린아이와 맹인이 주님께 나아가는 그 길을 가로막은 이들은 제자들이었다. 누가 주님께 나아가고 못 나갈지를 자기들끼리 판단했다. 다른 사람이 예수님의 피로 허락하신 은혜의 보좌로 담대히 나갈 기회를 가로막을 권리가 우리에겐 없다(히 4:16; 10:19-20). 제자들은 자신을 최소한 어린아이나 세리나 맹인보다는 우월한 지위에 있다고 판단했던 것 같다.

예수님과 가까이 있다는 위치가 권력이 될 수 있는가?

제자는 모든 사람이 예수님께 다가가도록 길을 내어주는 사람이다. 사도 바울은 영광과 승리를 추구하는 고린도 교인들을 향하여 사람들을 예수님께 인도하는 일을 위해서라면 자신은 기꺼이 지금껏 '만물의 찌끼'를 자처했다고 했다(고전 4:13).

주님을 위해 가장 낮은 자리를 추구해 본 적이 있는가?

우리 교회에서 장로님, 권사님 임직식이 있을 때, 10여 년이 지났지만, 축사를 맡으신 목사님의 30초도 안 되는 축사가 아직도 귀에 생생하다.

"좋은 장로님, 좋은 권사님이 되고 싶습니까?

여러분의 발아래 아무도 두지 마십시오. 이상입니다."

나는 어떤 대접과 어떤 위치에 익숙한가?

다음의 말은 내게 어떤 의미로 다가오는가?

"지도자는 공동체 안에서 가장 비천한 일을 하는 사람보다 더 존중을 받아서는 안 된다."[8]

---

8 데이비드 E. 갈런드, 『강해로 푸는 누가복음』, 138.

제19장

우리의 인생을 결산하실 하나님(눅 19장)

🔍 미리 보는 19장 메시지

- 예수님과 제자들의 사명은 잃은 자를 찾아 구원하는 것이다. 구원은 회개와 생활 방식의 변화를 촉구한다.
- 예수님의 재림은 우리 생각보다 늦어질 수 있으나, 그 시간은 신실함으로 충성할 때이다. 아무것도 하지 않는 것은 중립이 아니며, 형벌을 초래하는 불순종이다.
- 예루살렘에 나귀 타고 입성하신 예수님은 이스라엘이 회개할 마지막 기회를 놓치는 것을 보고 슬퍼하셨다. 예수님은 나의 어떤 모습을 슬퍼하실까를 생각해 보자.

❶ 예수님과 제자들의 사명은 잃은 자를 찾아 구원하는 것이다. 구원은 회개와 생활 방식의 변화를 촉구한다(19:1-10)

🍃 눈으로 읽는 본문

예수께서 여리고로 들어가실 때 세리장으로 부자였던 삭개오라는 사람이 예수님을 보기 위해 체면 불고하고 돌무화과나무 위로 숨어 올라갔다가 예수님을 집으로 모시는 은혜를 입게 되었다. 욕은 먹어도 세리장이라는 나름의 지위와 재산이 있었음에도, 예수님에 대한 궁금증과 갈급함이 그의 체면을 버리게 했다.

먼저 다가와 자신을 알아봐 주시고 일부러 삭개오의 집에 들어가시겠다는 예수님의 적극적 행보에 삭개오가 즐거워할 때 사람들은 예수님이 죄인의 집에 머문다 하며 삭개오가 그런 호의를 입는 것을 못마땅해했다. 그러나 예수님의 호의와 은혜에 감읍한 삭개오는 소유의 절반을 가난한 자에게 주며 남의 것을 빼앗은 일이 있다면 네 배로 갚겠다고 했다(율법에 따르면 부정하게 취한 재물의 배상은 1.2배였다[레 6:5; 민 5:7]).[1] 삭개오가 얼마나 크게 은혜받았고 결단했는지를 알 수 있다.

삭개오 이야기(19:2-10)는 앞선 18장의 부자 관원 이야기(18:18-23)의 연장선상이며 "낙타가 바늘귀로 들어가는 것이 부자가 하나님의 나라에 들어가는 것보다 쉬우니라"는 예수님의 말씀에 놀란 제자들의 "그런즉 누가 구원을 얻을 수 있나이까?"라는 질문(25-26절)에 대한 답이다. 예수님은 삭개오의 회심과 결단에 "오늘 이 집에 구원이 이르렀다"라고 말씀하셨다.

부자 관원은 영생에 대한 관심으로 긍정적인 믿음을 지닌 자였으나, 재산을 다 팔고 예수님을 좇으라는 명령에 심히 근심하며 주저했다. 다만, 예수님의 "다 팔아 가난한 자들에게 나눠 주라"는 명령은 문자 그대로 해석할 필요는 없다. 누가복음과 사도행전에는 부자이나 교회공동체와 이웃들을 위해 전 재산을 내놓지 않고도 교회 사역에 물심양면으로 기여했던 훌륭한 제자가 되었던 모범을 얼마든지 찾을 수 있기 때문이다.

예수님의 "다 팔아"라는 요구는 하나님과 그 재물 중 무엇을 선택할 것인가를 물으신 것이며, 부자 관원의 헌신의 깊이를 깨닫게 하는 그의 아킬레스건이었다.

---

1   R. T. 프랜스, 『누가복음』, 415.

삭개오는 회심 후 집을 떠나지도 않았고, 절반을 내놓겠다고 했지 전 재산을 헌납한 것도 아니다. 그런데도 예수님은 그에게 구원이 이르렀다고 선언하신다.

♥ 마음으로 읽는 본문

삭개오 이야기는 우리가 사람들에게 좋지 않은 평판을 듣고 있을 때 위로가 된다. 사람들의 오해이든 나의 과오이든 좋지 않은 평판을 듣고 있을 때, 사람들은 나를 멀리 해도 주님은 기꺼이 내게 다가오시고 나를 찾아 주신다는 점을 확인시켜 주는 까닭이다.[2]

삭개오가 받은 은혜의 크기와 믿음은 그의 결단을 통해 드러난다. 부자 관원은 "내가 어려서부터 다 지키었나이다"라는 말을 통해 이 정도면 충분하지 않는지를 물은 것이었고, 주님이 전체가 아닌 절반이나 3분의 1을 내놓아라 하셨더라도 고민했을 것이다.

역으로 삭개오는 절반이 아니라 주님이 더 내놓으라고 하셨어도 기꺼이 순종했으리라고 생각하는 것은 억측일까?

또한, 재물의 선한 사용의 관점에서만 삭개오의 이야기를 바라볼 것이 아니라, 누가복음 4:16에 나오는 메시아로서의 예수님이 자유롭게 하시는 역사가 재물에 대해서도 자유롭게 하신다는 해석도 가능해 보인다.

한편 삭개오 이야기는 18장의 바리새인과 세리의 기도 비유를 읽으며 은혜만을 강조하다가 삶의 변화나 결단이 없는 믿음에 대한 경계로 은혜와 참된 회개 사이의 균형을 맞춘다. 그리고 죄인의 온전한 회개가 수반되는 삶의 변화는 그 어떤 설교보다 강력하다. 찰스 스펄전은 삭개오 이야기에 이런 주석을 붙인다.

---

2 대럴 벅, 『누가복음 2』, 823-824.

회의주의자는 당신의 교리를 부인하거나 당신의 교회를 공격할 수 있으나 당신의 생활이 깨끗해졌고 엄청나게 바뀐 사실을 무시하지 못한다. 그는 나와 같은 설교자의 설교나 전도자들의 말에는 귀를 막을 수 있으나 … 당신이 회심하게 된 그 경위들은 그 어떤 설교보다 믿지 않는 사람들에게 훨씬 더 적절하며 호소력 있다.[3]

우리의 삶은 무엇을 설교하고 있을까?

❷ 예수님의 재림은 우리 생각보다 늦어질 수 있으나, 그 시간은 신실함으로 충성할 때이다. 아무것도 하지 않는 것은 중립이 아니며, 형벌을 초래하는 불순종이다(19:11-27)

눈으로 읽는 본문

예수님은 이어 므나 비유를 통해 두 가지를 가르치신다. 어떤 귀인이 왕위를 받으러 먼 나라로 가면서 종 열 명을 불러 한 므나씩 나누어 주었는데, 므나는 백 데나리온 혹은 드라크마로 약 3개월 치 노동자 임금에 해당한다. 그 귀인은 종들에게 나누어 준 므나를 가지고 귀인이 왕이 되어 돌아올 때까지 장사하라고 했다.

이 비유 중 '먼 나라'라는 표현(12절)을 통해 누가는 예수님의 재림과 종말이 예상한 것보다는 더 오래 걸릴 수 있음을 표현하며, 그런데도 왕은 반드시 돌아와 종들의 신실함과 행위에 대해 책임을 묻게 될 것임을 알게 한다.

---

3 트렌트 C. 버틀러, 『Main Idea로 푸는 누가복음』, 431.

이 비유는 당시 유대인들에게 익숙한 역사적 사건을 기반으로 한다. 아기 예수님을 죽이려 했던 헤롯이 세상을 떠난 후, 그 아들들인 아켈라오, 안디바, 빌립이 유대 땅의 통치를 물려받았는데, 왕으로 인정되기 위해서는 로마의 승인이 필요했다. 아켈라오는 왕으로 임명받으러 로마로 떠나기 전 자기 소유를 휘하 관리들에게 맡긴 일이 있었다.

그러나 그의 잔혹함으로 유대인들의 반발을 사서 유대인들은 아켈라오가 왕이 되는 것에 반대하여 50인의 반대 사절단을 로마에 보내기도 했다. 결국, 타협안을 받아들인 아우구스투스 황제는 아켈라오에게 왕이 아닌 훨씬 작은 권력인 분봉왕을 제수했다. 아마도 아켈라오는 돌아와 분풀이를 했을 것이다. 이 내용이 비유의 배경이 되었다.

귀인은 열 명의 종에게 한 므나씩을 맡겼지만, 이 비유는 세 명의 종을 통해 집약적으로 메시지를 전한다. 한 종은 열 므나를, 또 다른 한 종은 다섯 므나를 남겼는데, 나머지 한 종은 므나를 수건에 싸두었다. 특히, 이 비유는 책임을 내버려두고 수건에 한 므나를 싸두었던 세 번째 종에게 집중함으로써 주인의 명령에 신실치 못한 종에게 임할 운명을 경고한다.

이 비유를 통해 예수님은 한동안 떠나시지만, 어느 시점에 반드시 돌아오실 것이며 예수님에 대해 얼마나 신실하게 행동했는지를 평가받게 될 것이라고 말한다. 종은 왕이 돌아올 때까지 신실해야 할 뿐만 아니라, 자기들의 일한 결과에 대해 책임져야 한다.

많이 수고한 이들에게는 더 많은 것이 주어질 것이나, 일하지 않는 자는 자기가 갖고 있던 것도 빼앗기게 될 것이다. 그리고 예수님은 이 비유의 끝에서 왕을 노골적으로 거부한 이들에 대한 심판을 언급하심으로 예수님을 거부하는 종교 지도자들과 그들을 따르는 이들에 대한 심판이 있을 것을 예언하셨다. 일하지 않은 종들과 왕들을 거부하는 이들에게는 심판과 부끄러움만 남게 될 것이다.

♥ 마음으로 읽는 본문

므나 비유는 예수님이 얼마 동안 이 세상을 떠나 계시지만, 반드시 돌아오실 것이며, 돌아오신 다음에는 각 사람이 예수님께 얼마나 신실하게 행동하고 주신 사명을 얼마나 충실히 감당했는지를 평가하신다는 가르침을 제공한다. 그리고 우리가 일할 수 있는 기간은 한정되어 있기에 주어진 시간을 십분 활용해야 한다는 것이다.[4]

왕이신 그리스도께서 우리에게 부여하신 일 중 여러 구실과 이유로 진행되지 않는 일은 없으며, 우리의 역량과 재물과 시간을 허비하고 있지는 않는가?

지금은 여러 구실이 설득력 있을 수 있으나, 주님이 오셔서 계산하시는 그때에는 우리의 구실과 변명이 아무런 힘을 발휘하지 못할 것이다. 삭개오는 자기의 회심 결과를 분명히 내어놓았다.

우리 손을 통해 주인에게 넘겨져야 할 회심과 순종의 열매는 무엇인가?

사무엘하 6장을 보면 자기 임의대로 법궤를 운반하다가 하나님의 심판을 경험한 다윗은 낙담에 빠졌다가 규례대로 법궤를 운반할 만반의 준비를 했다. 그러나 법궤가 돌아오는 행사의 백미는 다윗 자신이었다. 다윗은 법궤가 돌아올 때, 왕좌에서 내려와 길 위에서 춤추고 기뻐하며 이스라엘의 왕은 하나님뿐임을 만천하에 선포하고 고백했다.

주님의 왕 되심을 고백하고, 우리가 회개의 삶을 살고 있음을 다른 이들이 확인할 수 있는 변화는 무엇인가?

4　대럴 벅, 『누가복음 2』, 866.

3 **예루살렘에 나귀를 타고 입성하신 예수님은 이스라엘이 회개할 마지막 기회를 놓치는 것을 보고 슬퍼하셨다. 예수님은 나의 어떤 모습을 슬퍼하실까? (19:28-44)**

눈으로 읽는 본문

9-19장까지 진행된 갈릴리에서 예루살렘까지 예수님의 여행은 이제 예루살렘성 입성으로 마무리된다. 사실 예수님의 예루살렘 여행은 죽음으로 귀결되는 길이다. 9장에 보면 변화산 상에서 예수님이 장차 예루살렘에서 별세, 곧 세상을 떠나실 것이 언급되었었다. 예수님은 자기의 죽음의 길을 주도해 나가신다. 무력하게 돌아가신 것이 아니라는 뜻이다.

예수님은 친히 예루살렘에 들어갈 때 탈 나귀를 준비시켜 타시고, 무리의 환호성 가운데 입성하신다. 나귀 타고 예루살렘에 입성하시는 예수님의 모습은 스가랴 9:9의 성취다. 어쩌면 제자들은 '왜 하필 나귀일까' 하고 생각했을 수도 있으나 요한복음 12:16은 제자들이 예수님이 부활하신 후에야 이 사건의 의미를 알게 되었다고 기록한다.[5]

"나귀를 구해오라"라고 하시면서 주인이 물을 때 "주가 쓰시겠다"고 하라 하셨는데, 그 말씀의 헬라어 원문은 '그것의 주인이 나귀 새끼를 필요로 하십니다'로 번역될 수 있다. 분명 나귀 새끼의 주인은 따로 있다. 하지만, 그 표현이 전하는 의미는 나의 모든 소유의 주인은 따로 있으며, 내 소유에 집착하기보다는 내 소유의 참 주인이신 주님의 필요에 민감한 그리하여 기꺼이 내 것을 고집하지 않고 주께 내놓을 수 있는 신앙을 요청한다.

왕으로 입성하시는 예수님에 대해 사람들은 찬송했다.

---

[5] 대럴 벅, 『누가복음 2』, 870.

"찬송하리로다. 주의 이름으로 오시는 이여, 하늘에는 평화요 가장 높은 곳에는 영광이로다."

하나님의 성호와 구원의 은혜를 노래할 때, 어떤 바리새인들이 그 환호를 달가워하지 않고, 제자들을 책망하라고 한다. 예수님은 이 사람들이 침묵하면 "돌들이 소리 지르리라"라고 하신다.

♥ 마음으로 읽는 본문

미국 영화를 보면 범인을 좇는 연방 요원이 "FBI!"라고 외치며 차량을 강제적으로 징발하는 장면을 보게 된다. 차량의 주인으로서는 억울하고 황당할 수 있는 순간이다.

그러나 강제 징발 형태가 아니라 주께서 쓰시겠다, 주께서 필요하시다 할 때, 주저하지 않고 즐거운 마음으로 주께 내어드릴 수 있는가?

즉, 예수님이 우리 이름표가 박힌 각양 소유물과 시간과 재물에 대한 진짜 주인이심을 고백할 수 있는 믿음이 있는가?

돌들이 소리 지르리라는 말씀은 돌과 같은 무생물의 피조물도 주님을 알아본다는 뜻이다. 정작 하나님을 가장 잘 알고 있다고 주장하는 바리새인들은 메시아를 알아보지 못하고 찬양하지 않는다.

우리가 돌릴 합당한 영광에 대해 침묵하거나 입을 닫을 때, 돌들이 대신 소리 지르고 찬송할 하나님의 은혜는 무엇인가?

우리가 망각했거나 미처 생각지 못한 감사의 제목과 이유를 찾아보자.

예루살렘에 대한 예수님의 탄식이 이어진다. 만민의 기도하는 집 대신에 장사의 소굴로 전락하여 건물로는 건재하나 속으로는 무너져버린 성전과 예루살렘을 보시고 예수님이 우셨다(41-48절).

나를 위해 예수님이 울고 계실 상황은 없는가?

바리새인처럼 심판의 길을 가면서도 나는 끝까지 의롭다고 생각하는 자만 속에 내가 빠져 있지는 않는가?

··· 잠깐 상식! 〈복음서의 통화 단위〉[6] ···

화폐 단위	돈의 가치	성경 본문
달란트	6,000 드라크마/데나리온	마 18:24, 25:14-30
므나	100 드라크마/데나리온	눅 19:11-27
세겔	4 드라크마/데나리온	마 17:27
드라크마/데나리온	노동자의 하루 품삯	눅 15:8; 마 18:28; 20:1-16
앗사리온	드라크마/데나리온의 1/16	마 10:29; 눅 12:6
고드란트	앗사리온의 1/4	마 5:26
렙돈	앗사리온의 1/8	눅 12:59, 막 12:42

---

6 악트 마이어, 『새로운 신약성서개론』 (서울: 대한기독교서회, 2004), 139.

제20장

하나님의 권위로 일하시는 예수님(눅 20장)

미리 보는 20장 메시지

- 예수님은 하나님의 권위로 모든 말씀과 행위를 이행하신다.
- 우리에게 위임된 권한은 그 권한을 주신 분을 거스르고 우리가 몫을 다하지 못할 때 심판의 근거가 될 수 있다.
- 우리는 하나님의 것은 하나님께 돌려야 한다.
- 죽음 후의 삶은 지상의 삶과 다르나 부활의 삶은 반드시 실재한다.

1 예수님은 하나님의 권위로 모든 말씀과 행위를 이행하신다(20:1-8).

눈으로 읽는 본문

예수님이 성전에서 채찍을 휘두르신 이른바 성전 정화 사건(19:45-48)에 대해 종교 지도자들은 그 채찍을 자기들을 향한 도전으로 받아들이고 대중들 앞에서 예수님을 공격하기 시작한다. 그로 인해 누가복음 20:1-44에서는 예수님과 유대 종교 지도자들과 첨예한 대결이 펼쳐지는 다섯 가지 이슈가 다루어진다.

첫째, 예수님의 권위 논쟁(1-8절).

둘째, 포도원 농부 비유(9-19절).
셋째, 가이사에게 세금을 바치는 문제(20-26절).
넷째, 사두개인들과의 부활 논쟁(27-40절).
다섯째, 시편 110:1의 다윗 자손에 대한 해석 논쟁(41-44절).

그리고 20장은 다음과 같은 권고로 마무리된다.

> 모든 백성이 들을 때에 예수께서 그 제자들에게 이르시되 긴 옷을 입고 다니는 것을 원하며 시장에서 문안받는 것과 회당의 높은 자리와 잔치의 윗자리를 좋아하는 서기관들을 삼가라(20:45-46).

이러한 권고가 나타난 이유는 20장 전체에 자기들만이 세상의 모든 것을 판단할 권리를 갖고 있다고 생각한 종교 지도자들의 행태에 대한 고발이 녹아 있기 때문이다.

1-8절을 보면 예수께서 성전에서 가르치실 때, 대제사장들과 서기관들이 예수께 가까이 와서 물었다.

"당신이 무슨 권위로 이와 같은 일을 하는가?"

열린 마음을 가진 이들은 이미 하늘에 의해 주어진 예수님의 권위와 권세에 대해 인식하고 있었지만(4:32, 36; 5:24), 대제사장들과 그 일행은 자기들만이 종교적 사안뿐만 아니라 생활 일반에서도 백성을 통제할 권세를 갖고 있다고 생각했기 때문이다.

예수님은 역으로 그들에게 세례 요한 권위의 출처에 대해 물으셨다. 유대 백성은 이미 세례 요한에 대해 선지자로 인정하고 있었기 때문에(6절) 세례 요한이 하나님에게서 온 사람임을 인정치 않으면 세례 요한을 지지하는 백성들의 판단을 모욕하는 셈이 되고, 인정한다면 왜 세례 요한에게 긍정적으로 반응하지 않았는지를 답해야 했다.

예수님께도 이 질문은 중요했다. 세례 요한이 예수님이 어떤 존재임을 증거했고, 그의 증거를 받아들이면서 세례를 받으셨기 때문이다. 진퇴양난에 빠진 그들은 결국 답하지 않겠다고 발을 뺐고, 백성들은 이 논쟁에서 예수님께서 완전한 승리를 거두신 것으로 판단했을 것이다.

예수님은 자신을 대적하는 바리새인과 서기관들의 태도에 대해 다음과 같이 책망하셨다.

첫째, 그들은 자기를 높이는 사람들의 전형적 예로 자기들의 특별한 지위와 재산을 알리는 정교한 옷을 입고 이리저리 다닌다.
둘째, 그들은 공공장소에서 칭찬받는 것을 좋아한다.
셋째, 그들은 잔치의 상석과 종교적 배경에서 명예로운 자리를 차지하려고 거칠게 밀어낸다.
넷째, 그들의 긴 기도는 보여 주기 위한 것으로 하나님께 하는 것이 아니다. 그들의 기도 내용과 긴급함을 기도의 길이로 대체하기 때문이다.
다섯째, 더 나쁜 것은 그들이 궁핍한 과부들을 억압해서 재물과 지위를 얻었다는 사실이다. 과부는 취약한 상태에 처해 있으며 누구보다도 보살핌을 받아야 할 대상이다.[1]

이들에게는 엄중한 심판만 기다리고 있다. 서기관들의 행태를 제자들에게 알리신 이유는 그리스도인들도 언제든 동일한 어리석음을 범하는 위치에 설 수 있음을 경계하신 것이다.

---

1 데이비드 E. 갈런드, 『강해로 푸는 누가복음』, 907.

♥ 마음으로 읽는 본문

하나님의 아들이신 예수님만이 성전에 대한 온전한 권세를 갖고 계신다. 그러나 유대 종교 지도자들은 성전에서 장사하는 자들을 내쫓으신 사건을 염두에 두고 성전에 대한 통제권을 갖고 있는 자기들 외에 누가 그러한 권세를 주었는지 말하라고 했다. 예수님은 이에 대해 오히려 세례 요한의 권위를 물으셨지만, 그들은 아무 답도 하지 못했다. 예수님은 이를 통해 자신의 권세를 하나님이 주셨다고 천명한 것이다.

예루살렘 성전은 기원후 70년 예루살렘 함락과 함께 영원히 사라졌다. 하지만, 바울은 성도가 곧 하나님의 성령이 거하시는 거룩한 성전이라고 했다(고전 3:16). 유대 종교지도자와 이스라엘의 타락은 우리의 반면교사다.

예수님이 하나님의 성전인 내 안에서 그리고 내가 속한 믿음의 공동체에서 회초리를 휘두르며 몰아내실 만한 하나님께 합당치 않은 행동과 관습 그리고 생각은 무엇일까?

성도는 바리새인과 서기관들의 행동을 답습해서는 안 된다. 종교 지도자들과의 첨예한 갈등이 대두되는 20장은 다음과 같은 교훈을 제공한다.

'인간의 얄팍한 꾀는 하나님의 지혜를 이길 수 없다. '거룩'이라는 명분으로 하나님과 자신을 속여서는 안 된다. 하나님에게서 이득은 취하고 하나님께 마땅히 돌릴 영광과 열매는 거부하면서 하나님과 성경의 권위를 자기의 기득권 유지 목적으로 삼을 때, 예수님 당시의 종교 지도자들에게 임한 심판이 우리를 향할 수도 있다.

종교 지도자들의 권위 논쟁은 그들 외에 그 권위에 합당한 자가 없다는 아집과 독선에서 출발했다.

최근 당신의 어떤 권위가 침해당한다고 생각하는가?

그 권위는 하나님이 주신 권위인가, 내가 세운 권위인가?
위선적인 경건을 통해 스스로 세운 권위 때문에 분노하고 있지는 않은가?
땅의 권세를 능가하는 예수님의 권위는 내게 어떤 의미로 다가오며, 기꺼이 예수님의 권세 앞에서 내 권위를 내려놓은 경험은 무엇인가?

건강한 권위에 대해 다시 고민해 보자.

❷ 우리에게 위임된 권한은 그 권한을 주신 분을 거스르고 우리가 몫을 다하지 못할 때 심판의 근거가 될 수 있다(20:9-19)

🌿 눈으로 읽는 본문

이어 9-19절에는 이른바 포도원 농부 비유가 등장하는데, 예수님은 당시 소작농이 많았던 상황을 빗대어 설명하셨다. 청중들은 예수님이 포도원 이야기를 꺼내시자, 이사야 5:1-7을 떠올렸을 것이다. 포도원 주인은 하나님, 포도원은 이스라엘을 상징하기 때문이다.

본문을 보면 하나님은 극상품 포도를 심었더니 들포도를 맺음은 어찌 이뇨 한탄하신다. 당연히 소작농은 이스라엘을 기경하는 종교 지도자들을 가리킴을 알 수 있다.

역대하 36:14-16은 이 비유의 배경이 될 만한 말씀을 제공한다.

> 모든 제사장들의 우두머리들과 백성도 크게 범죄하여 이방 모든 가증한 일을 따라서 여호와께서 예루살렘에 거룩하게 두신 그의 전을 더럽게 하였으며 그 조상들의 하나님 여호와께서 그의 백성과 그 거하시는 곳을 아끼사 부지런히

> 그의 사신들을 그 백성에게 보내어 이르셨으나 그의 백성이 하나님의 사신들을 비웃고 그의 말씀을 멸시하며 그의 선지자를 욕하여 여호와의 진노를 그의 백성에게 미치게 하여 회복할 수 없게 하였으므로(대하 36:14-16).

그렇다면 예수님의 비유 대상을 종교 지도자들에게만 국한할 수는 없다. 종교 지도자들의 영향을 받아 하나님의 뜻에 올바른 판단을 내리지 못한 백성들도 하나님의 심판 대상이 되기 때문이다.

이 본문을 연상시키는 비유 내용을 보면, 어떤 주인이 자기 포도원에 일꾼을 들여 농사를 짓게 하고 추수 시점에 종들을 보내어 소출을 걷고자 할 때, 일꾼들은 주인에게 소출 바치기를 거부하며 주인의 종들을 해치고, 포도원을 빼앗을 심산으로 심지어 유일한 상속자인 아들마저 죽이게 된다.

예수님이 주인의 아들을 죽인 일꾼들을 심판하게 될 것을 말씀하실 때, 종교 지도자들은 그 비유가 자기들을 향하고 있음을 알고, 예수님을 로마에 넘길 것을 도모하게 된다. 예수님은 비유 안에서 장차 십자가 죽음을 연상시키는, 아들이 포도원 밖에서 죽는 상황을 언급하시고, 이어 시편 118:22 이하를 인용하시며 하나님이 행하실 대응을 예언하신다.

> 건축자가 버린 돌이 집 모퉁이의 머릿돌이 되었나니(시 118:22).

모퉁이의 머릿돌은 건물의 두 벽의 교차 지점에서 건물을 받치는 힘이 되는 돌로 건물의 중추다. 전체 건물이 그 돌을 중심으로 세워진다.[2] 종교 지도자들과 그들의 추종자들에 의해 예수님이 버림을 받을 것이나 하나님은 예수님을 살리시고 예수님이 구원 역사의 가장 중요한 역할을 맡으

---

[2] 트렌트 C. 버틀러, 『Main Idea로 푸는 누가복음』, 473.

실 것이며, 예수님의 최종적 권위가 회복되실 것이라는 뜻이다.³

♥ 마음으로 읽는 본문

이 비유 안에서 악한 농부들은 끊임없이 주인이 보내는 종들을 거부하고 해쳤다. 하나님이 보내신 선지자들에 대한 배척과 거부를 나타낸다. 심판이 그들을 기다리고 있다. 이스라엘이 과거의 포도원 농부였다면, 우리 역시 주님께 소출을 드려야 하는 포도원 농부들이다.

주님이 소출, 곧 우리 믿음의 순종의 결과물을 요구하실 때 주님의 합당한 요구임에도 계속 소출 드리기를 미루거나 거부하고 마치 그것이 우리의 권리인 양 행동하고 있지 않는가?

예수님의 권리를 인정치 않는 자는 그 절대적인 능력과 권위를 맞닥뜨릴 때, 산산이 부서질 것이라는 경고가 뒤따른다.

오늘 우리가 드려야 하고 하나님이 합당하게 우리에게 요구하실 소출은 무엇인가?

❸ 하나님의 것은 하나님께 돌려 드려야 한다(20:20-26)

🍃 눈으로 읽는 본문

로마가 헤롯 가문을 통한 간접 통치에서 총독을 파견하여 유대와 사마리아를 직접 통치하기 시작하면서, 그 지역의 모든 사람에게 인두세를 부과하기 위한 인구조사를 시행했었다(앞에 있는 눅 2:1-3의 설명 참조).

---

3   R. T. 프랜스, 『누가복음』, 440.

인두세는 간접세와 달리 로마 황제에게 직접 내는 세금으로 그 세금을 낸다는 것은 단순히 돈의 문제가 아니라 정치적으로 유대가 로마에 종속되어 있다는 선언이었다.[4] 그리고 로마의 통치에 대한 암묵적인 동의를 나타냈다.

로마의 직접적 통치와 세금 징수는 유대인들의 격렬한 반대를 가져왔고 잦은 폭동으로 이어졌다. 학자들은 이 반발심이 열심당 운동과 기원후 66-70년의 로마를 향한 항쟁 그리고 유대의 패배와 예루살렘 함락으로 이어지는 연결 고리라고 생각한다.[5] 유대인들은 로마의 거대한 힘 아래서 무력감 속에 세금을 내면서도 반감과 울분으로 가득 차 있었다.

서기관들과 대제사장들은 세금 이슈를 꺼내 들고는 예수님께 가이사에게 세금을 바치는 것의 옳고 그름을 질의한다. 참으로 교묘한 질문이었는데, 세금을 내야 한다고 하면 로마의 협조자가 되어 민족적 메시아의 자격이 없다고 떠벌릴 것이고, 내지 말라고 하면 반란을 빌미 삼아 합법적으로 로마에 예수를 넘길 구실을 갖게 되었다.

예수님은 동전 데나리온의 황제 형상을 가리키시며 가이사의 것은 가이사에게 하나님의 것은 하나님에게 바치라는 지혜로운 말씀으로 그들의 시험을 무력화시킨다. 예수님은 비록 현실로는 유대 땅을 로마가 다스리나 하나님의 나라는 이 세상에 속한 것이 아님을 우회적으로 선포하셨다. 예수님의 왕권은 로마를 무너뜨린 다음에 오는 것이 아니기 때문이다.

---

4 대럴 벅, 『누가복음 2』, 967.
5 R. T. 프랜스, 『누가복음』, 444.

♥ 마음으로 읽는 본문

　신약성경에는 제도권의 순기능을 인정하며 현실 권력에 순복하라는 권고들이 있다. 즉, 로마서 13:1-7과 베드로전서 2:13-17은 일정 부분 선한 자에게 포상하고 악한 자에게 징벌을 내려 사회를 유지하는 이 세상 정부의 순기능을 인정한다. 하지만, 이 권고들과 가이사의 것은 가이사에게라는 예수님의 말씀은 정부의 권위가 임시적이라는 암묵적 전제가 있다.
　우리에게 익숙한 "육체는 풀과 같고…"라는 말씀은 원래 바벨론과 로마를 염두에 둔 표현이었다. 그들의 영광과 권세가 오래 지속될 것처럼 보이나 곧 사라지기에 영원한 하나님의 말씀을 붙들라는 권고다(벧전 1:24-25). 따라서 세상 권력도 장차 모두 예수님의 권세에 복속될 것이며, 하나님의 주권에 거스르는 행위를 할 때는 그 권력도 심판의 대상이 된다(참조. 고전 15:24-25).[6]
　따라서 교회는 정부의 합당하고 상식적인 지침 그리고 사회적 약자를 돌보는 정책에는 적극적으로 협조하되, 하나님의 통치를 거스르는 결정에는 건강한 비판의 목소리도 내야 한다.

---

[6] 데이비드 E. 갈런드, 『강해로 푸는 누가복음』, 892.

4 죽음 후의 삶은 지상의 삶과 다르나 부활의 삶은 반드시 실재한다
(20:27-44)

🍃 눈으로 읽는 본문

부활을 믿지 않는 사두개인들이 예수님께 자식을 보지 않은 장남을 대신하여 차남이 형수와 결혼하여 첫아들을 형의 이름으로 대를 잇게 하고 그 아들은 죽은 형의 이름과 재산을 물려받았던 형사취수 혹은 계대법으로 알려진 전통을 들어, '일곱 아들과 결혼한 여인이 부활 후에 누구의 아내인가'를 조롱 조로 질문했다.[7] 사두개인들은 모세오경만을 정경으로 인정했는데, 모세오경에는 부활에 대한 언급이 없다고 판단하여 부활을 믿지 않았다.

예수님은 그들의 전제가 잘못되었음을 지적하신다. 사두개인들은 부활이 그저 이 땅의 삶의 연장이라고 생각했다. 하지만, 이 땅과 부활 후의 삶은 전혀 다른 영역으로 부활 후의 삶은 이전의 인간관계로 연합이 아니라 하나님과 연합하는 것이다. 특히, 천사 같은 존재가 되므로 이전의 생식과 혈통이 매개하는 가족관계는 더 이상 존재치 않는 것이다.

그리고 예수님은 모세오경에 있는 '하나님은 아브라함의 하나님, 이삭의 하나님, 야곱의 하나님이시다'라는 말씀(출 3:8)을 근거로 드시며, 아브라함, 이삭, 야곱의 '하나님이었다'라는 과거적 표현이 아니라, 아브라함, 이삭, 야곱의 '하나님이시다'라는 현재적 표현을 통해 하나님 안에 그들이 여전히 살아 있고 보호되고 있다는 말씀으로 사두개인의 생각을 무너뜨리셨다.

---

7   대릴 벅, 『누가복음 2』, 978.

더 이상 존재하지 않는 이들이 하나님과 무슨 관련이 있겠는가?[8]

만약 하나님이 아브라함과 이삭과 야곱의 하나님이시라면 그들은 여전히 존재하는 것이고, 살아 있는 족장들이 그들을 향한 하나님 약속의 성취를 경험하려면 반드시 부활해야 한다. 따라서 하나님은 죽은 자의 하나님이 아니시고 [비록 육신으로는 죽었으나] 살아 있는 자들의 하나님이시다(마 22:32; 막 12:27).[9]

마지막으로 예수님은 다윗의 자손이라는 칭호를 거부하지 않으시면서도 시편 110:1에서 다윗이 주로 칭하는 존재가 메시아 예수이심을 상기시키며, 땅의 왕권보다 더 높은 차원의 권위를 말씀하신다.

♥ 마음으로 읽는 본문

사람들은 자기 이해의 틀 안에서 모든 것을 판단한다. 어린 시절 들었던 하루살이, 메뚜기, 개구리의 대화는 인간의 이해가 얼마나 제한적인가를 알게 했다. 다음은 독자 여러분에게 익숙한 이야기다.

어느 날 하루살이와 메뚜기가 하루 종일 신나게 놀았다.

해가 뉘엿뉘엿 넘어갈 때, 메뚜기가 말했다.

"하루살이야, 오늘 정말 재밌게 놀았는데, 내일 또 만나서 놀자!"

하루살이가 말했다.

"내일이 뭔데?"

"넌, 내일이 뭔지도 몰라?

깜깜한 밤이 지나면 해가 뜨면서 내일이 시작되잖아!"

"에이~ 그런 게 어디 있어?!"

---

8 대럴 벅, 『누가복음 2』, 896-897.
9 대럴 벅, 『누가복음 2』, 986.

하루살이 친구가 없어진 메뚜기는 개구리와 친구가 되어 즐겁게 놀았다. 그러나 날씨가 추워지자, 개구리가 말했다.

"메뚜기야, 우리 몇 달 동안 정말 재밌게 놀았는데, 내가 겨울잠을 자야 하니 내년 봄에 만나서 또 놀자!"

"내년? 내년이 뭔데?"

"차가운 겨울이 지나고 얼음이 녹기 시작하면서 봄이 오는 내년 말이야!"

"에이~ 그런 게 어디 있어?!"

하루살이가 인정하건 안 하건 내일이 있고, 메뚜기가 인정하든 안 하든 내년이 있다. 얄팍한 우리의 지식으로 보이는 세상과 보이지 않는 세상의 모든 것을 재단하기보다는 영적인 신비 앞에서 겸손해지자. 그리고 영원히 우리의 하나님 되심을 기뻐하시는 그분이 베풀어 주실 부활의 은혜를 소망하자. 살아 있다는 것은 하나님께서 예비하신 축복과 영생, 영광을 위한 부활에 참여하는 것을 의미한다.

하나님이 산 자들의 하나님이라고 하신 것은 죽어서 생명에 들어가지 못하는 자들과는 아무런 관련이 없다고 선을 그으신 것이다.[10] 우리가 영원한 복락으로 누릴 부활은 모두에게 허용된 은혜가 아니다(20:35).

지옥은 뜨거운 불구덩이에서 고생하는 것이 힘든 것이 아니라, 하나님과 영원히 단절되기에 지옥이라는 말이 있다. 우리가 하나님 앞에서 산 자가 되어 부활이 약속되고 하나님의 사랑이 영원히 끊기지 않는 그분의 자녀라는 신분을 갖게 된 그 사실을 마음 깊이 감사하자(로마서 8장).

10　목회와신학 편집부, 『누가복음 어떻게 설교할 것인가?』 (서울: 두란노출판사, 2009), 395.

제21장

주의 재림을 깨어 준비케 하시는 주님(눅 21장)

🔍 미리 보는 21장 메시지

- 하나님이 중요하게 보시는 것은 헌물의 양이 아니라 헌물을 드리는 마음이다.
- 외양만 웅장한 성전도 외양만 번지르르한 우리의 헌신도 다 무너질 것이다.
- 환난의 순간에도 변함없는 인내의 헌신이 우리를 구원한다.
- 시대의 징조로 예수님의 재림을 준비하되, 섣불리 심판의 때를 예상해서는 안 된다. 일어나는 일들을 주시하면서 신실하고 참된 제자로 준비하는 삶을 살아야 한다.

❶ 하나님이 중요하게 보시는 것은 헌물의 양이 아니라 헌물을 드리는 마음이다(20:1-4)

🍃 눈으로 읽는 본문

21장은 가난한 과부의 헌금 이야기로 시작된다(1-4절). 이 이야기는 앞선 20장의 바리새인들의 외식과 위선 그리고 재물의 탐닉에 대한 경고(20:45-47)와 대응되는 이야기다.

예수님은 성전 한쪽에서 부자들이 헌금함에 헌금하는 것을 지켜보신다. 당시의 헌금함은 나팔 모양으로 되어 있으며 13개 정도의 헌금함이 성전 건물 앞에 있는 여인들의 뜰에 놓여 있어 성전에 오는 사람들이 자발적으로 헌금하도록 했다고 한다. 그리고 이 예물은 성전 예배를 위해 필요한 경비 지출 목적으로 활용되었다고 한다.[1]

예수님은 이어 한 가난한 과부가 헌금 드리는 모습도 지켜보셨다. 예수님은 부자와 가난한 과부의 헌금을 보시고는 과부의 두 렙돈의 헌금에 이 가난한 과부가 다른 모든 사람보다 많이 넣었다고 칭찬하신다.

렙돈은 당시 통용되던 화폐 중 가장 작은 단위로 하루 품삯 데나리온의 100분의 1의 가치로 정말 보잘것없는 액수였다.[2] 그러나 그것은 그녀가 가진 전부였다. 객관적으로 부자가 낸 헌금이 훨씬 더 많았을 것임이 틀림없다. 21장에서 부자들이 자기가 낸 헌금을 자랑했다는 말씀은 없으나 20장의 부유한 종교 지도자들에 대한 비난이 이 과부 헌금의 밑그림을 제공한다. 서기관들은 과부의 가산을 삼키는 자들이었다(20:47).

즉, 어떤 서기관들은 아무도 보호해 주지 않는 과부들의 재산을 삼키려고 기회를 엿보는 이들이 있었다. 이런 위협이 항상 존재함에도 여인은 하나님을 기쁘시게 하는 일에 전력을 다한다. 경제력으로 남을 특히 남의 신앙을 판단하는 일에 우리가 얼마만큼 주의해야 하는지를 깨닫게 한다.

마태복음 6:2은 헌금이 아닌 구제에 대한 말씀이나 비슷한 가르침을 제공한다. 바리새인들은 자기들의 재물을 사용할 때 나팔 불기를 좋아했는데, 나팔처럼 입구가 큰 주머니가 달린 헌금함에 일부러 큰 소리를 내며 헌금하는 모습을 빗댄 것인지, "나팔 불지 말라"는 속담처럼 은유적인 표현인지 다양한 설명이 있으나, 부자는 여유 있는 가운데 생색을 낸 것이고, 가난한 과부는 자기 생활비 전부를 넣어 상식과 자기 보호 본능을 거스른 까닭이다.

---

1   대럴 벅, 『누가복음 2』, 1013.
2   대럴 벅, 『누가복음 2』, 1014.

물론, 모든 헌금이 생활비 모두를 바치는 헌금과 같아야 한다는 말씀은 아니다. 생존을 불가능하게 하기 때문이다. 이 사건은 바리새인의 위선과 외식에 대한 고발 차원이다. 그리고 예수님의 강조점은 헌금의 액수가 아니다. 헌금의 액수가 그 사람의 진정한 헌신을 증명하는 것은 아니기 때문이다. 예수님은 어떠한 마음으로 헌금하는 것이 중요한지를 가르치신 것이다. 과부는 자신의 생명 전체를 바친 것과 마찬가지였다.[3]

♥ 마음으로 읽는 본문

예수님의 시선이 내 헌물과 헌금에 머무신다면 예수님은 어떤 평가를 하실까?

우리는 이 땅의 삶을 살아가면서 얼마나 가질 수 있는지가 아니라 얼마나 예수님께 드릴 수 있는지를 더 고민해야 한다. 또한, 헌금이든 기부든 조그만 것을 바치면서도 전부를 바친 양 생색낼 일은 아니다.

그러한 거들먹거림에 대해 사람들도 알아차릴 수 있다면, 하나님은 오죽하시겠는가?

특히, 아나니아와 삽비라 사건은 하나님 앞에 진실되지 않을 때 주어지는 징벌에 대해 경고한다. 다시 말해 헌신은 전부를 바친 과부의 두 렙돈처럼 나 자신을 바치는 것이다. 헌금이 없자 헌금함에 올라가 앉아 자기 일생을 드리겠다고 다짐했다던 다소 엉뚱한(?) 믿음의 사람 이야기가 떠오른다. 헌금은 양이 아니라 마음이다.

---

[3] 대릴 벅, 『누가복음 2』, 1015-1016.

❷ 외양만 웅장한 성전도 외양만 번지르르한 우리의 헌신도 다 무너질 것이다. 환난의 순간에도 변함없는 인내의 헌신이 우리를 구원한다
(21:5-28)

🌿 눈으로 읽는 본문

　어떤 사람이 예수님이 듣는 가운데 성전을 가리키며 아름다운 돌과 헌물로 꾸민 것을 칭찬했다. 이스라엘 역사에서 솔로몬 이후로 성전은 정치와 종교의 중심지였다. 하나님과 이스라엘이라는 나라 그리고 하나님과 이스라엘 백성이 하나님과 어떻게 올바른 관계를 맺으며 예배 가운데 한 분 하나님만을 경배하며 하나님의 선하신 뜻을 듣고 순종을 결단하는 기능이 성전이 세워진 주목적이었다.
　원래 율법이 지시한 성소의 크기는 작은 것이었으나 헤롯은 유대인들의 환심을 받고 자기 권력의 위용을 자랑하기 위해 성전 주변을 크게 만들었다. 그리하여 바벨론에서 돌아와 스룹바벨이 세운 성전을 약 46년에 걸쳐 크게 증축했다. 헤롯은 성전의 기초벽을 다시 세우고 성전 경내도 원래 솔로몬 성전의 넓이보다 두 배나 넓게 만들어 북쪽 길이는 314미터, 남쪽 길이는 280미터, 동쪽 길이는 469미터, 서쪽 길이는 485미터에 다다랐다고 한다.
　특히, 길이 약 20미터, 높이 약 3.7미터, 너비 약 5.5미터에 이르는 거대한 순백의 대리석이 사용되었고, 성소에 들어가는 입구에는 금은으로 장식한 문들과 사람들이 잎사귀 하나, 열매, 혹은 한 송이를 바친 금으로 된 포도나무가 있었다고 한다. 그리하여 요세푸스가 성전 건물의 금장식에 햇빛에 반사되면 "눈 덮인 산처럼 눈이 부실 정도로 빛났다"라고 말할 만큼, 화려함과 값비싼 재료와 크기와 예술적 기교에 감탄을 자아냈다고 한다.

그러한 견고하고 웅장한 성전은 자기들의 안전을 지켜주는 상징으로 받아들였을 수 있다. 성전의 장엄함에 매혹된 이들은 다가오는 멸망에 대해 눈이 멀어 있었다.[4]

그러나 예수님은 너희가 보는 이것들이 장차 "돌 하나도 돌 위에 남지 않고 다 무너뜨려지리라"라고 예언하셨다. 지상의 그 어떤 아름다움도 영원하지 않으며 잿더미가 될 것을 말씀하신 것이다. 성전의 아름다움에 취해 있던 이들이 충격을 받으며 예수님께 그 예언이 성취될 무렵의 징조를 묻는다.

예수님은 그들의 요청에 몇 가지 나타날 현상을 다음과 같이 말씀하셨다.

첫째, 자칭 메시아 혹은 그리스도라고 말하는 거짓 선지자들의 출현과 활동
둘째, 난리와 소요의 소문과 큰 지진과 기근과 전염병과 특이한 하늘의 현상
셋째, 주님의 제자들이 체포되고 핍박받으며 가족 친지들에게 미움과 배신을 당하게 될 것과 권력자들 앞에서 예수님에 대해 증거함

이 징조에 대한 말씀과 함께 20-24절은 예루살렘의 멸망에 대한 예언으로 이해된다. 그리하여 누가는 4년간의 전쟁 끝에 기원후 70년 로마의 포위 공격으로 말미암은 예루살렘 멸망을 궁극적 심판의 예고편으로 두며, 인자의 오심으로 전개될 진정한 종말의 때에 일어날 일들로 주제를 확대한다.

예수님의 재림은 갑자 임할 것이며, 모든 사람이 그것을 볼 수 있을 것이고, 천체의 징조가 수반될 것이다. 구름 타고 오시는 인자는 불신자들

---

4 데이비드 E. 갈런드, 『강해로 푸는 누가복음』, 918; 대럴 벅, 『누가복음 2』, 1036.

에게는 심판 주로 오실 것이며, 제자들은 주님의 재림 시기를 정확히 알 수 없기에 스스로 조심하며 깨어 있고 하나님께 영광을 돌리는 삶을 살아야 한다. 물론, 그 시기까지는 제자들을 향한 극심한 박해가 있을 수 있으나 궁극적 승리를 믿으며 끝까지 견뎌야 한다.

♥ 마음으로 읽는 본문

사람들은 곧잘 외적인 아름다움과 장엄함에 매료되고 현혹된다. 당대 최고의 건축물로 여겨졌던 헤롯 성전도 허릴없이 무너졌다. 우리의 모든 에너지를 투입한 우리의 인생이 아무것도 남지 않는다면 참으로 허무할 것이다. 그러나 성경은 우리의 수고 중 분명히 남아 우리의 수고가 기억될 수 있는 것이 있다고 하신다. 특히, 바울은 우리가 하나님의 성전이나, 누구든지 그 성전을 더럽히면 하나님이 그를 멸하실 것이라고 한다.

또한, 각 사람의 공적이 나타날 때가 올 터인데, 자신을 속이지 말 것이며 세상의 지혜에는 어리석은 자가 되고, 하나님의 지혜를 따르라고 한다 (고전 3:12-20). 세상의 지혜는 자기를 돋보이고 남보다 자신을 높이는 데 활용되나, 하나님의 지혜를 추구하면 세상 사람들의 시각으로는 어리석어 보이나, 궁극적으로 하나님과 본인에게도 영광이 된다고 하신다.

무엇으로 우리의 성전을 꾸밀 것인가?
불타 없어질 공적인가?
영원히 우리의 기쁨과 감사와 보람이 될 공적인가?

또한 예수님은 마지막 때의 징조로 임할 환난을 언급하시면서 인내로 영혼의 구원을 얻게 된다고 말씀하신다(21:19). 우리는 이 땅의 위해를 피하는 것을 하나님의 은혜로 생각한다. 머리털 하나 상하지 않는다는 것은 그들이 하나님 나라를 선포할 때, 그들의 신변에 아무런 위해나 피해가 없을 것을 약속하는 것이 아니다.

예수님의 열두 제자가 순교한 것을 생각하면 21:19 말씀은 문자적으로 이해해서는 안 된다는 것을 알 수 있다. 이 본문은 안전 보장이 약속되지 않는 상황에서도 주께 변함없는 헌신을 드릴 것인지를 묻는다. 그러나 그 보호의 약속은 죽음 이후에도 영원의 영역 안에서 반드시 성취된다.

3 시대의 징조로 예수님의 재림을 준비하되, 섣불리 심판의 때를 예상해서는 안 된다. 일어나는 일들을 주시하면서 신실하고 참된 제자로 준비되는 삶을 살아야 한다(21:29-38)

눈으로 읽는 본문

예수님은 예루살렘의 멸망 시점의 상황에 대한 예언과 함께 미래적 종말의 사건을 언급하시고는 '이 세대가 지나가기 전에 모든 일이 다 이루어지니라'는 말씀으로 마치 하나님의 최종적 심판과 예수님의 재림이 이 세대 즉 예수님의 말씀을 듣던 이들의 세대에 일어날 것처럼 말씀하셨다. 그러나 우리가 아는 대로 주님은 아직 오지 않으셨다.

주님의 말씀이 틀린 것인가?

그리하여 학자들은 다음과 같이 이 세대라는 표현을 어떻게 해석할 것인가를 고심한다.

첫째, 이 세대는 제자들의 세대 혹은 누가복음을 읽는 세대로 이해한다. 그러나 그들은 모두 예수님의 재림을 보지 못하고 죽었다.

둘째, 기원후 70년의 예루살렘 멸망을 예언한 것이므로 예수님의 말씀을 현재 듣고 있는 이들 가운데 그 멸망을 지켜볼 자가 있다는 말씀으로 이해한다. 그러나 예수님의 재림 예언까지는 포함하지 못하는 단점이 있다.

셋째, 이 세대를 이스라엘로 이해한다. 주님의 오실 때까지는 민족으로서의 이스라엘이 존속할 것이기 때문이다. 좀 더 안전하게는 아예 이 세대를 인류를 가리키는 것으로 본다. 그렇다면 주님의 재림 때까지 인류는 존재하게 된다. 그러나 어휘적으로 세대를 민족이나 인류로 해석할 근거는 없다.

넷째, 기원후 70년의 예루살렘 멸망과 종말은 불가분의 관계이므로 종말은 예수님 당시의 '이 세대' 안에서 이미 시작되었다는 이해다.

다섯째, 예수님이 말씀하시는 징조적 현상들을 목격하는 모든 제자의 세대를 가리킨다는 이해다.

사실 모든 이를 만족시키는 해석은 없다. 학자들은 네 번째와 다섯 번째 해석을 선호한다.[5]

그런데도 예수님의 종말 시점을 준비시키시면서 무화과나무를 포함한 모든 나무를 통해 비유로 말씀하신다. 싹이 나는 것을 보면 여름이 가까이 오는 것을 판단하게 되듯이 여러 현상이 나타나면 하나님 나라가 가까이 온 것으로 판단하라고 말씀하셨다.

그런데 우리가 주목할 것은 앞에서 언급된 현상은 특별하지만, 특별한 일들이 아니다. 사실 난리와 기근과 전쟁, 지진, 전염병은 모든 시대에 있어 왔기에 징조라고 하기 어렵다. 따라서 예수님은 시간적 징조를 말씀하신 것이 아니라, 모든 시간이 하나님의 심판에 대해 경고하고 있다는 말씀이다.

---

5 대럴 벅, 『누가복음 2』, 1075-1080.

♥ 마음으로 읽는 본문

필자는 강의할 때, 특이 현상을 추구하는 종말론자들을 경계시키면서, 디모데후서의 말씀을 인용하길 좋아한다.

사도 바울은 종말, 말세의 때를 이렇게 정의한다.

> 너는 이것을 알라 말세에 고통하는 때가 이르러 사람들이 자기를 사랑하며 돈을 사랑하며 자랑하며 교만하며 비방하며 부모를 거역하며 감사하지 아니하며 거룩하지 아니하며 무정하며 원통함을 풀지 아니하며 모함하며 절제하지 못하며 사나우며 선한 것을 좋아하지 아니하며 배신하며 조급하며 자만하며 쾌락을 사랑하기를 하나님 사랑하는 것보다 더하며 경건의 모양은 있으나 경건의 능력은 부인하니 (딤후 3:1-5).

바울이 말하는 종말의 현상은 이미 오늘날의 시대에 충분히 진행되고 있다. 주님의 재림과 함께 임할 최종적 종말은 아직 아닐지라도 그 종말이 언제 임하든 이상하지 않은 상황에 우리가 살고 있는 것이다.

최근 어느 목사님의 설교 가운데 요즘 성도들이 일기예보보다도 하나님의 말씀을 신뢰하지 않는다는 말이 의미 있게 다가왔다. 하루를 살면서 일기예보에는 민감하지만, 어느 때든 임할 수 있는 종말에 대한 예언이 성경 곳곳에 있고, 징조적 경고들이 계속 발해지고 있음에도 일기예보보다도 더 신경 쓰지 않는 세태를 비판한 것이다. 예수님의 대적자들이 표적을 원했으나, 예수님이 거절하셨다. 이미 표적은 충분했기 때문이다.

깨어 종말을 대비하는 데 또 다른 표적을 주님께 요구하고 있지는 않은가?

제22장

아버지의 원대로 모든 것에 순복하시는 예수님(눅 22장)

🔍 미리 보는 22장 메시지

- 예수님은 생명을 살리는 일에만 집중하시나 죄는 죽이는 일에 분주하다.
- 주의 만찬은 섬김과 희생이라는 제자도의 기본 가치를 보여 주신다.
- 기도가 약한 무릎을 강건케 하며 하나님의 길을 완성하도록 돕는다.

1 예수님은 생명을 살리는 일에만 집중하시나 죄는 죽이는 일에 분주하다(22:1-6)

🖋 눈으로 읽는 본문

누가는 누가복음과 사도행전 안에서 황제를 비롯한 정치권력자들과 종교 지도자들을 등장시켜 인간이 주도하는 것처럼 보이는 세상의 역사와 하나님이 인류를 구원하시기 위해 경륜 속에 이끄시는 구원사(salvation history)를 대조하는 경향이 있다.

22장의 중심이 되는 예수님의 수난 기사도 세상의 권력자가 주관하는 것 같으나 하나님의 계획과 예수님의 의지가 이 모든 사건을 주도하고 계심을 설파한다. 그리고 이제 예수님에 대한 시험의 실패(4장) 후 얼마 동안 떠났던 마귀가 다시 전면에 등장한다(3절). 그 장면의 배경이 흥미롭다.

바로 유월절인 까닭이다.

　유월절은 하나님이 애굽의 학정에 시달리던 이스라엘 백성을 구해 내신 날이다. 예수님은 친히 유월절 어린 양이 되어 온 세상을 구하실 유월절을 준비하신다. "유월절이라고 하는 무교절이 다가오매"라는 표현은 유월절과 무교절이 같은 절기인 것처럼 느껴지게 하나, 엄밀히는 유월절 후, 일주일 발효되지 않은 떡을 먹는 절기가 무교절이다.

　그런데도 두 절기는 대체로 한 절기로 간주하였다. 이 절기는 이스라엘 백성이 이집트에서 구원받은 것을 기념하는 절기로, 유월절 밤에 죽음의 사자가 이스라엘 백성의 문지방은 넘어가고 이집트의 집은 들어가 각 집의 장자를 죽인 데서 기원했다. 이날에 이스라엘 백성은 온 가족이 함께 식사하며 그 의미를 되새겼다.

　그리고 유월절에는 절기를 기리고자 많은 사람이 예루살렘을 순례했다. 이스라엘 백성을 구해 내신 날을 기리는 절기임에도 정작 이스라엘을 구원하셨던 하나님의 아들을 죽이려는 계획이 세워지고 있다.[1]

　즉, 유월절은 하나님 은혜의 역사를 반추하는 날임에도 전혀 다른 성격의 일이 준비된다. 죄 된 인간들과 사탄의 사주를 받는 이를 대표하는 종교 지도자들은 생명을 해하는 일에 열심이며 예수님을 죽일 궁리를 한다(1-2절). 그리고 예수님의 공동체 안에서 내부 협력자가 등장한다. 유다가 대제사장들과 성전 경비대장들과 은밀히 만나 돈을 받고 예수님을 넘겨줄 방도를 모의한다.

1　대럴 벅, 『누가복음 2』, 1095.

♥ 마음으로 읽는 본문

예수님은 자신을 희생시켜 인류를 구하시려는 대속적 죽음을 준비하신다. 우리는 이 세상을 살면서 여러 의미 있는 날을 맞이한다.

그날들은 생명을 살리는 날인가, 아니면 남을 해치며 자기 이익을 공고히 하는 일에 에너지를 쏟는 날인가?

누가는 가룟 유다에게 사탄에게 들어간 결과로 유다가 대제사장들과 성전 경비 대장들에게 예수님을 팔아 넘겨줄 방도를 의논하게 되었다고 말한다.

유다가 왜 예수님을 팔게 되었는지 여러 추론이 있다.

첫째. 유다는 예수님이 유대인들이 열망하는 지상 왕국을 세우지 않아 실망했다는 이해다.

둘째, 유다가 본래 돈에 대한 관심이 많아 배신의 대가로 돈을 취하고자 했을 뿐이라는 이해다.

우리는 유다가 예수님을 배신한 이유를 정확히 알 수 없다. 그러나 몇 가지 중요한 교훈을 찾을 수 있다. 먼저, 사탄이 강제적으로 유다에게 들어간 것은 아닐 것이다. 유다가 귀신들린 자처럼 자기를 통제하지 못했다는 암시가 없기 때문이다. 유다가 사탄에게 문을 열었고, 사탄에게 저항하지 않았으며, 사탄은 피하지 않았을 가능성이 높다. 누가는 순서에는 관심이 없고 유다가 사탄의 명령을 따른 결과에만 관심을 갖는다.[2]

그리고 유다가 배신한 이유에 집착할 필요가 없다. 유다 행동의 합리화는 우리 역시 주님을 배신할 수 있는 상황에 대한 정당성을 부여하고자

---

[2] 데이비드 E. 갈런드, 『강해로 푸는 누가복음』, 937.

하는 숨은 의도의 표현일 수 있기 때문이다. 배신은 그냥 배신이다. 마지막으로 주님과 함께 한 시간의 길이가 아니라, 짧은 시간이더라도 주님과 그리고 하나님과 어떤 관계 속에 교제가 이루어졌는지가 중요하다.

우리는 유다의 배반 이유를 정확히 알 수 없으나 만약 우리가 하나님과 올바른 관계에 있지 않으면 예수님과 가장 가까이서 3년의 세월을 보내었을지라도 그의 믿음을 보증하는 것은 아니라는 사실을 배우게 된다. 그는 외형적으로는 예수와 가까운 관계에 있었지만, 나중에 예수님을 거부하고 마귀임을 드러낸다(요 6:70).[3]

❷ 주의 만찬은 섬김과 희생이라는 제자도의 기본 가치를 보여 주신다 (22:7-23)

🍃 눈으로 읽는 본문

예수님은 유월절이 다가오자, 베드로와 요한을 보내어 예루살렘 성내에서 물 한 동이를 가지고 가는 사람을 만나거든 그 사람의 집에서 예수님과 제자들이 유월절을 지낼 수 있도록 준비시키신다. 유월절이 되자, 예수님은 제자들과 함께 준비된 방에 앉으시고 떡과 잔을 가지시고 기도하신 후 떡과 잔이 갖는 의미를 설명하시고 제자들이 먹게 하셨다.

전통적으로 유월절을 지키는 유대인들은 다음과 같이 유월절 식사에서 포도주를 네 번 마셨다고 한다.

첫 번째, 유월절을 축복할 때

---

3 대럴 벅, 『누가복음 2』, 1098.

두 번째, 유월절을 기념하는 이유에 관해 설명하고 할렐 시편을 찬송한 후
세 번째, 유월절 양과 무교병 그리고 쓴 나물을 먹고 난 후
네 번째, 나머지 할렐 시편을 찬송한 후[4]

누가복음에서 예수님이 마신 포도주는 몇 번째 순서에 해당하는지에 대한 논의가 있지만 중요하지 않다. 예수님은 떡과 잔을 제자들을 위하여 주시는 몸과 피라고 하시면서 유월절 어린 양이 이스라엘을 구원한 희생이 되었듯이 예수님의 희생적인 죽음을 예언하셨다. 그리고 이 마지막 만찬을 기념하라고 명하셨다. 그러나 그 명령은 동일한 의식이나 행사의 재연이 아니라, 예수님이 행하신 일을 기억하고 자기를 다른 이들을 위한 희생의 자리에 서게 하는 것을 뜻한다.

그리고 제자들 가운데 예수님을 팔 자가 있다고 하시면서 그에게 화가 있으리라고 하시자 제자들은 예수님을 팔 자가 누구일까 궁금해했다. 자기들은 아니라고 단정하면서. 그러나 이어지는 말씀에서 보면 제자들은 자기들 가운데 누가 더 크냐가 관심사였다.

예수님은 권력자들이 은인이라고 칭해질 것이라고 하셨는데, 은인은 긍정적 표현임에도 강압적 권력으로 다스리는 자들에 대한 별칭이었다. 예수님은 앉아서 먹는 세상의 권력자들이 힘으로 다스리는 것과 달리, 제자들은 섬기는 위치에 서야 함을 가르치신다. 중요한 일은 노인이, 하찮은 일은 젊은이들이 맡는 문화권이었지만, 예수님은 너희 중에 큰 자가 되고 싶은 사람은 젊은 자처럼 하찮은 일을 도맡아 하여야 하고 섬기는 자가 되어야 한다고 말씀하신다.

---

[4] 대럴 벅, 『누가복음 2』, 1122.

요한은 예수님이 제자들의 발을 씻어 주신 사건을 이 자리에 배치한다 (요 13:2-17).

♥ 마음으로 읽는 본문

주의 만찬은 주님의 임재, 주님의 죽으심 그리고 주님의 다시 오심을 믿음으로 고백하는 자리다. 우리가 구원을 경험케 된 것은 전적으로 주님의 희생 덕분임을 기억하며, 우리가 죄인이었으나 용서받은 자들임을 확인하는 자리가 된다. 다양한 환경과 배경을 가진 이들이 주의 이름으로 교회를 이루기 때문에 생각과 관점과 이해가 다를 수밖에 없다.

그런데도 주의 은혜가 아니면 살 수 없다는 공통 분모가 있기 때문에, 성만찬은 주님의 은혜를 기억할뿐더러 죄인된 자기 한계 또한 인정하고 다른 사람들을 용납하는 자리여야 한다. 그리고 주어진 새 생명이기에 이전과는 다른 순전함과 진실함 그리고 의로움으로 채워지는 새로운 삶으로 나아가는 결단이 있어야 한다.[5]

③ 기도가 약한 무릎을 강건케 하며 하나님의 길을 완성하도록 돕는다 (22:23-62)

✒ 눈으로 읽는 본문

예수님께서 "나를 팔 자가 너희 가운데 있다"라고 하셨음에도 제자들은 "누가 더 크냐"를 논쟁했고 저마다 당연히 자기는 예수님을 팔 자가

---

[5] 다렐 보크, 『NIV 적용주석: 누가복음』, 736.

아니라고 생각했다. 그러나 예수님은 말씀하셨다.

> 시몬아, 시몬아, 보라 사탄이 너희를 밀 까부르듯 하려고 요구하였으나 그러나 내가 너를 위하여 네 믿음이 떨어지지 않기를 기도하였노니 너는 돌이킨 후에 네 형제를 굳게 하라(눅 22:31).

예수님께서는 '사탄이 너희를 요구했다'는 말씀을 통해 예수님을 대적하는 일이 비단 유다만의 일이 아닌 제자 모두에게 임할 일이며, 특히 베드로는 예수님을 세 번 부인하게 될 것이라고 말씀하셨다. 그러나 예수님은 베드로와 제자들을 위해 기도하셔서 나중에 회개한 후 형제들을 굳게 하라고 명하신다.

이제 예수님은 죽게 되실 것이며 제자들에게도 핍박이 이를 것이기 때문에 준비하라고 하신다. 검을 사라는 것은 위기를 준비하라는 은유적 표현이지만, 제자들은 진짜 검을 들고 나타나는 어리석음을 여전히 보여 준다. 이는 주님이 여러 가지 세상과의 싸움을 예비시키실 때, 자기의 부족함을 알지 못하는 우리의 대응이 얼마나 어리석을 수 있는지를 생각하게 한다.

예수님은 제자들에게 "유혹에 빠지지 않게 기도하라" 하시고 가까운 곳에서 무릎을 꿇고 기도하셨다. 그런데 죽음의 공포가 엄습했다. 혹자는 예수님은 '왜 의연히 죽음을 받아들이지 못하셨을까?' 하는 생각을 내비치지만, 예수님은 단순히 죽음에 대한 공포가 아닌 인류의 죄를 대신 지시는 무게감 그리고 죄의 형벌에 따른 하나님과의 단절을 두려워하신 것이리라.

그리하여 예수님은 이 잔, 즉 십자가의 죽음을 면할 길을 원하셨으나, 궁극적으로 자기 뜻보다는 하나님 아버지의 뜻대로 되길 원하는 기도를 드리셨다. 그리고 그 기도의 간절함은 "땀이 땅에 떨어지는 핏방울같이" 되었다.

♥ 마음으로 읽는 본문

베드로는 열정적인 제자이지만, 자기의 연약함을 인정하지 않는다. 사탄에 대해 말하는 것을 좋아하지 않는 세대다. 그러나 우리는 우는 사자처럼 삼킬 자를 찾아 헤매는 사탄의 힘을 과소평가해서도 자기 믿음을 과대평가해서도 안 된다. 결국, 베드로는 예수님을 부인하며 완전히 무너진다. 그런데도 우리가 돌이키게 되는 것은 주님의 기도이고 하나님의 은혜다. 이 깨달음이 베드로전서 5:10에 녹아있다.

> 모든 은혜의 하나님 곧 그리스도 안에서 너희를 부르사 자기의 영원한 영광에 들어가게 하신 이가 잠깐 고난을 당한 너희를 친히 온전하게 하시며 굳건하게 하시며 강하게 하시며 터를 견고하게 하시리라 (벧전 5:10).

예수님의 감람산 기도가 주는 교훈은 하나님의 계획과 내 마음이 다를지라도, 하나님을 향한 온전한 신뢰로 그분의 뜻을 우선하는 믿음이다. 22장은 이 우선순위의 갈림길에서 다양한 반응을 보여 준 인물들을 통해서 귀한 교훈을 제공한다.

22장에서 펼쳐지는 하나님의 구원 드라마에는 세 부류의 등장인물이 나타난다. 먼저, 긍정적 역할을 맡은 이들이다. 물 한 동이를 가지고 가는 남자는 얼굴도 이름도 드러나지 않지만, 마지막 유월절 만찬을 위해 자기의 공간을 제공한다(7-13절).

우리는 하나님의 구원 사역을 위해 내 삶의 어떤 공간을 내어드리는가?

그런데도 가장 중요한 긍정적 역할의 담당자는 예수님이시다. 예수님은 당신의 지상 사역의 끝을 아신다.

> 인자는 이미 작정된 대로 가거니와 … (눅 22:22).

그런데도 사명은 한 번의 결단으로 완결되지 않음을 알게 하신다. 겟세마네의 기도는 하나님을 따르는 일이 한두 번의 감동 혹은 흥분 속의 결단으로 진행되는 일이 아니며, 내 생각과 하나님의 생각을 피를 토하는 심정으로 견주며 답을 찾아가는 것임을 보여 준다(39-44절). 아울러 기도 없는 제자들의 호언장담이 얼마나 허무하게 무너지는가를 보여 준다(45-46절). 기도는 우리를 사명에 붙드는 강력한 접착제다.

부정적 배후는 당연히 종교 지도자들, 유다와 사탄이다. 종교 지도자들은 예수님을 죽일 방도를 찾았으나 매번 실패했다. 유다의 제안으로 돌파구를 찾아 쾌재를 불렀을 것이다(4-5절). 두려운 것은 우리가 악을 꾀할 때 길이 막혀 우리가 시도조차 못 한다면 추가적 죄를 짓지 않아 차라리 나을 것이나, 악은 오히려 그 시도가 무위로 그치지 않도록 반드시 길을 찾아 제공하여 우리를 더 큰 죄악으로 이끈다는 점이다.

우리는 유다의 배신 이유를 알지 못한다. 그 이유를 일부러 찾을 필요도 없다. 유다는 예수께 얻고자 하는 것을 얻지 못했을 때 우리를 포함하여 예수님을 능히 배반할 수 있는 이들의 대표다. 악은 우리가 악을 중단하지 않도록 지혜를 발휘하여 답을 제공한다. 종교 지도자들의 악한 마음에 유다가 길을 제시했고, 유다의 악한 마음에 사탄이 길을 제시했을 뿐이다.

한편으로는 부정적 역할이었으나 긍정적 역할로 전환되는 이들이 있다. 뜬금없는 자리 논쟁을 펼치며(24절), 자기 이익에 눈이 멀어 예수님의 죽음에는 전혀 관심이 없던 제자들이다. 예수님이 "나를 파는 자의 손이 나와 함께 상에 있도다"라고 말씀하실 때, 제자들은 "우리 중에 이 일을 행할 자가 누구일까" 하고 서로 물었다(21-23절). 모두 다 자기는 아니라고 생각한 것이다.

그러나 예수님은 유다뿐만 아니라 제자들 모두가 사탄이 밀 까부르듯 요구했다고 하심으로 모두가 사탄에게 굴복하는 상태에 놓였음을 말씀하신다. 주님의 관심사와 우리의 관심사를 일치시키지 않는 한, 우리는 언제든 사탄의 청구로 주님을 배신할 수 있다. 베드로는 상황 파악이 되지 않고 주와 함께 옥에도, 죽는 데에도 가기를 각오했다고 허언을 내뱉는다.

예수님은 단도직입적으로 말씀하신다(33-34절).

"그가 닭 울기 전 주님을 세 번 모른다고 부인할 것이다."

그리고 그 일은 실제로 일어났다(54-62절). 주님은 우리가 어떻게 실족하여 넘어지는지를 아신다.

따라서 그런 연약한 우리를 위해 우리의 믿음이 떨어지지 않도록 성령 하나님께서 중보해 주시기 때문에 하나님의 생명 사역에 우리의 역할이 남아 있는 것이다. 우리의 믿음은 내가 붙드는 것이 아니라, 주님이 붙들어 주시기에 오늘도 우리가 다시 일어설 수 있다.

제23장

자기 영혼을 아버지 손에 의탁하신 예수님(눅 23장)

🔍 미리 보는 23장 메시지

- 예수님은 사람들의 거짓 고발에도 죄가 없으셨고 빌라도가 이를 확인했다.
- 예수님의 십자가 처형은 예수님이 불의한 자들의 동료로 취급되었고, 조롱부터 슬픔까지 다양한 반응을 가져왔을 뿐만 아니라 죽음의 현장에서도 한 강도에게 낙원을 약속하실 만큼 생명의 주가 되셨다.
- 참된 제자는 예수님이 무능해 보이는 순간에도 변함없는 헌신을 보여 준다.

1 예수님은 사람들의 거짓 고발에도 죄가 없으셨고 빌라도가 이를 확인했다(23:1-25)

🍃 눈으로 읽는 본문

18:32-33은 예수님이 이방인의 손에 넘겨져 처형당하실 것을 예언하셨고, 이제 그 예언이 실현되는 중이다. 원래 예수님을 죽이려는 계획은 유대 종교 지도자들에 의해 시작되었으나, 당시 사형권은 로마당국에만 있었다. 예수님의 사형을 재가받으려면 로마에 위해가 되는 반역에 준하는 증거가 필요했다.

그들이 예수님을 빌라도에게 끌고 가서 만들어낸 죄목은 다음과 같다.

첫째, 예수가 가이사에게 세금 바치는 것을 금했다는 것
둘째, 스스로 왕이라 칭하여 로마 황제를 대적했다는 것

그러나 예수님을 심문한 빌라도는 비록 예수께서 "네가 유대인의 왕이냐"는 질문에 "네 말이 옳도다" 하고 대답하셨을지라도 예수께서 로마에 전혀 위협이 되는 인물이 아님을 깨닫고 세 차례에 걸쳐 예수님의 무죄를 선언한다.

로마 관료는 '무죄하다' 하고 유대 종교 지도자들은 유대인을 '로마에 위해가 된다'고 주장하는 묘한 상황이 되었지만, 유대 지역의 선동가를 풀어 주어 로마 황제에게 불신임당하는 것보다는 예수를 처벌하는 것이 낫다고 판단한 것 같다. 그런데도 빌라도는 난처한 재판에 관여하고 싶지 않았고 유대 민족끼리의 사안이라는 구실로 분봉왕인 헤롯 안디바에게 떠넘긴다.

마침 예수님의 능력에 대해 호기심이 많았던 헤롯 안디바는 예수님의 재판이 자기 손에 넘어오자 흥분을 감추지 못했으나 침묵으로 일관하시는 예수님의 태도에 이내 실망과 분노의 감정에 휩싸인다.

어디에서도 예수님이 죽을죄를 지셨다는 증거가 나오지 않았음에도 유대 종교 지도자들은 포기하지 않았고, 헤롯 안디바와 빌라도가 자신들의 정치적 입지가 흔들리는 것을 원치 않으면서 무죄한 사람의 처형에 일조한다. 빌라도가 유월절에 죄인을 방면하는 전통에 따라 예수님을 놓아 주고자 했으나 대중들이 바라바를 요구하여 무위에 그치고 만다. 하나님의 아들인 예수님이 한낱 인간들의 손에 그 생명이 맡겨졌다.

빌라도는 손을 씻으며 예수님을 유대인 가운데 죄수 하나로 치부하며 이 일과는 무관하다는 제스처를 취하지만, 이천 년이 넘는 시간 동안 그 동안 존재해 왔을 수억 명 이상의 그리스도인들이 고백한 사도신경의 "빌라도에게 고난을 받으사"라는 문구를 통해 그의 죄상이 셀 수 없이 지적될 줄 알았을까?

제23장 자기 영혼을 아버지 손에 의탁하신 예수님(눅 23장)

♥ 마음으로 읽는 본문

사람들은 억울한 일을 당하거나 자기에게 불리한 판단이 내려지면 변호 내지는 변명하기에 급급하다. 그러나 그러한 해명은 해결보다는 문제를 더 복잡하게 만드는 경우가 많다. 그래서 때로는 침묵이 좋을 때가 있는데, 주님이 그 좋은 예시를 보여 주신다. 사람의 판단이 아닌 하나님의 판단을 신뢰하기 때문이었다.

다음 말씀을 묵상해 보자.[1]

> 나의 영혼이 잠잠히 하나님만 바람이여 나의 구원이 그에게서 나는도다 (시 62:1).

힘의 논리에 빠져 있는 사람들은 자신들이 누리고 있는 권력과 이익에 방해가 된다면 그 사람의 제거를 최상의 방법으로 생각하는 경향이 있다.

요한복음에서 대제사장 가야바는 다음과 같이 말했다.

> 한 사람이 백성을 위하여 죽어서 온 민족이 망하지 않게 되는 것이 너희에게 유익한 줄을 생각하지 아니하는도다 하였으니(요 11:50).

그리고 본문에서는 11:50, 53절에 예수님의 대적자들이 이날부터 예수님을 죽이려고 모의했다고 기술한다.

빌라도도 예수님의 무죄를 알고, 유대인들의 계획에 끼어들고 싶지 않았지만, 결국 자신이 책임지는 체제가 위협받는 것을 간과할 수 없어 부정의에 동의하고 만다.

---

1 목회와신학 편집부, 『누가복음 어떻게 설교할 것인가?』, 432.

누가는 그들의 소리가 빌라도를 이겼다고 표현한다(23절). 소리가 원리를 압도할 때 우리는 망가지기 시작한다.[2] 주변의 소리가 하나님의 원칙을 이기게 해서는 안 된다. 오직 주님의 말씀만이 영원히 서기 때문이다(벧전 1:25).

종교 지도자들은 예수를 제거할 계획이 착착 완성되어 가고 있다고 생각했을 것이다. 그러나 그들의 계획은 하나님의 big picture(큰 그림)의 지극히 작은 한 조각에 불과했다. 하나님의 경륜과 섭리는 때로 무력해 보이나 인간의 사고 틀을 훨씬 뛰어넘으며 진정으로 인류의 유익을 가져온다.

예수님을 해하고 자기의 일신을 도모하려는 예루살렘과 이스라엘은 기원후 70년 동일한 외세인 로마인에 의해 멸망하고 성전을 통해 재산과 권력을 유지하던 제사장 그룹은 성전의 파괴와 함께 역사의 뒤안길로 사라진다. 눈앞의 이익을 위해 악과 손을 잡는다면, 결국은 그 악이 자기를 무너뜨리는 당사자가 된다는 역사적 교훈이다. 당연히 로마도 과거의 존재가 되었을 뿐이다.

빌라도와 헤롯은 전에는 원수였으나 당일에는 친구가 되었다. 악은 목적을 이루기 위해 언제든 규합한다. 우리는 하나님의 일을 하면서도 협력하는 사람이 마음에 들지 않을 때 무조건 반대하거나 소극적으로 대응하는 경우가 있다. 하나님의 일을 하면서 생각과 마음이 다르다 하여 뜻을 모으지 못한다면, 우리는 결과를 얻기 위해 얼마든지 기꺼이 힘을 합치는 악보다도 못한 존재다.

나와 생각이 달라도 하나님 나라를 위한 명분이 분명하다면 그들에게 기꺼이 힘을 실어 줄 관대함과 용기가 있는가?

---

2   목회와신학 편집부, 『누가복음 어떻게 설교할 것인가?』, 433.

2 예수님의 십자가 처형은 악에 의해 고통당하는 현장에서도 우리가 어떠한 자세를 가져야 하는지를 깨닫게 한다(23:26-49)

🍃 눈으로 읽는 본문

예수님의 처형 사건에 대한 묘사에는 다음과 같은 주제가 두드러진다.

첫째, 예수님은 두 강도로 대표되는 불의한 자들의 동료로 여겨지며 죽으신다. 이는 이사야 53:12 예언의 성취다.

둘째, 예수님의 죽음의 현장에 다양한 반응의 사람들이 있다. 그저 구경하며 쳐다보는 군중이 있고, 예수님을 비웃는 유대 지도자들이 있었으며, 예수님을 희롱하는 군인들도 있었다. 그뿐만 아니라 예수님 곁에 있던 한 강도는 예수님을 극심하게 모독한다.

반면에 한 강도는 자기를 구원해 주시기를 간청한다. 로마 백부장은 예수님의 무죄를 증거한다. 여인들은 가슴을 치며 슬피 울었고, 예수님을 따르던 이들은 먼발치에서 지켜본다.

셋째, 백부장의 증거대로 예수님은 죄가 없으시다. 예수님은 한 강도에게 낙원을 약속하시므로 자기의 죽음의 현장에서도 생명을 주실 수 있는 능력이 있으시며 이 상황을 주도하고 계심을 밝히신다.

넷째, 피조 세계가 예수님이 온 우주의 왕이심을 선포한다. 해가 빛을 잃고 온 땅 위에 흑암이 내려지며, 성전의 휘장이 찢어진다.

그러나 이 다양한 장면 가운데서 제자들은 보이지 않는다.
우리는 어디에 위치해 있었을까?
우리는 고난주간에만 〈거기 너 있었는가〉 찬송을 부르지 않는가?

십자가 죽음이 정해진 사형수들은 자기 십자가를 지고 가야 했는데, 대개 십자가 가로대(partibulum)를 처형 장소까지 지고 갔으며, 그곳에는 수직으로 된 기둥이 고정되어 있었다.³

때로 죄수는 기소된 죄목이 기록된 판을 목에 걸고 처형장까지 갔고, 매달린 십자가 꼭대기에 그 판을 붙였다. 고정된 세로대와 가로대를 결합한 후, 죄수의 팔목과 발목을 밧줄이나 못으로 고정했는데, 요한복음 20:25에 있는 못에 대한 언급은 더 잔혹한 방법이 예수께 적용되었다는 것을 보여 준다.⁴ 그리하여 처형당한 사람은 질식하여 죽거나 피가 너무 흘러 기진하여 죽었다.

누가는 이미 갖은 고문으로 지칠 대로 지친 예수님 대신에 아마도 유월절을 지키기 위해 예루살렘 순례를 왔었을 구레네 시몬이 징발되어 가로대를 처형 장소까지 갔다고 기록한다. 그런데 누가는 다른 복음서 기자들과 달리 십자가형의 잔혹함에 대해서는 거의 말하지 않는다.⁵ 구레네 시몬에 대해서도 억지로 십자가를 졌다는 뉘앙스보다는 자기 십자가를 지는 예시로 언급된 것처럼 보인다.

로마 군인들이 십자가에 달리신 예수님을 조롱할 때, 예수님과 함께 달린 한 행악자 또한 조롱한다.

"네가 그리스도면 너와 우리를 구원하라!"

그러자 다른 행악자가 말했다.

"우리는 마땅한 벌을 받는 것이지만, 예수님은 옳고 의로운 분임에도 이 고통을 당하는 것이다."

그리고 이어 예수님께 말했다.

"당신의 나라에 임하실 때 나를 기억하옵소서."

---

3   데이비드 E. 갈런드, 『강해로 푸는 누가복음』, 1017.
4   R. T. 프랜스, 『누가복음』, 508.
5   R. T. 프랜스, 『누가복음』, 512.

그러자 예수님은 그에게 구원을 선포하셨다.

"네가 오늘 나와 함께 낙원에 있으리라."

구원은 여러 절차가 필요한 것이 아니라, 주님을 인정하고 믿는 순간 바로 이루어진다.

♥ 마음으로 읽는 본문

십자가 위에서 예수님의 첫 말씀은 예수님을 조롱하고 십자가에 못 박는 이들을 용서해달라는 기도였다. 처형당하는 사람들은 처형 집행자들을 저주하며 위협하고 복수를 외치는 것이 일반적이었지만, 예수님은 자기를 박해하는 자들을 용서하는 기도를 드리셨다.

우리는 곧잘 누가복음 17:3-4을 토대로 회개하고 잘못을 인정하면 용서할 수 있지만, 끝까지 자기 잘못을 인정하지 않고 오히려 고개를 뻣뻣이 들고 다니는 사람도 용서해야 하는지에 대한 질문을 듣는다. 사실은 우리 모두가 하는 질문이다. 예수님은 회개했다는 명백한 표식이 없는 이들을 위해 용서를 구하시므로 우리에게 답하신다.[6]

낯선 구레네 시몬의 도움을 받지만, 골고다를 향해 십자가를 지고 가시는 예수님의 곁에는 3년여의 세월을 함께한 제자들은 없었다. 예수님의 죽음에 대한 예언에도 누가 더 크냐를 논하던 이들은 무력하게 잡혀가는 예수님과 동행할 의지와 용기가 없었다. 예수님이 영광의 자리에 서게 될 때, 좌우에 서게 해달라고 요청했던 야고보와 요한 대신에 두 강도가 함께 섰을 뿐이다.

예수님은 묵묵히 이 부조리하고 어처구니없는 상황을 안고 가신다. 그리고 기도하신다.

---

[6] 데이비드 E. 갈런드, 『강해로 푸는 누가복음』, 1023.

"아버지, 저들을 사하여 주옵소서. 자기들이 하는 것을 알지 못함입니다."

이 기도에서의 '자기들'은 단지 예수님을 십자가에 못 박은 빌라도, 종교 지도자, 군인들과 무리만을 말하는 것이었을까?

로마인들과 유대 종교 지도자들 모두 권력과 자기 안위에 치중하다가 진리를 배척하는 선봉에 섰다.

우리도 때로 나와 내 진영의 논리를 강력히 펼치다가 하나님의 뜻을 거스른 적은 없는가?

예수님은 그들의 무지를 안타까워하셨고, 우리에 대해서도 안타까워하셨다. 그리고 예수님은 용서하신다. 또한, 영광의 자리는 누리고 싶으나 고난의 자리는 멀리하는 우리의 모습까지도 예수님의 용서의 기도에 포함되었을 것이다.

사람에게서 신뢰받지 못한 예수님은 인생의 가장 연약한 순간에도 아버지를 신뢰하고 찾으셨다.

"아버지, 내 영혼을 아버지 손에 부탁하나이다."

우리의 마지막 기도도 이와 같아야 할 것이다. 어느 복음성가처럼 사람을 보면 만족함이 없다. 오직 하나님 한 분만으로 만족하며, 우리 삶의 온전한 의탁은 주님께만 향해야 한다. 사람을 보려 하지 말고 사람에게 기대지도 말라.

그리고 십자가를 묵상함은 그리스도께 감사하는 것이다. 주님이 십자가 위에서 우리가 있어야 할 자리를 대신했다는 것, 곧 하나님의 은혜로 우신 죄 사함의 역사가 주님을 통해서 이루어졌다는 사실을 인정하고 또한 십자가는 우리가 하나님 앞에서 깨끗한 모습을 살아갈 새로운 기회를 주시는 자리임을 기억해야 한다.

❸ 참된 제자는 예수님이 죽어 무능해 보이는 순간에도 변함없는 헌신을 보여 준다(23:50-56)

🍃 눈으로 읽는 본문

십자가에서 처형된 시신은 그대로 달려 있거나 아무런 장례 절차 없이 땅바닥에 내던져졌다. 조금 더 나은 경우는 공동묘지에 던져졌다. 유대인들은 로마인들이 시신을 정중히 대하지 않는 것에 대한 반감이 있어, 적절한 장례 절차를 진행하곤 했다. 그러나 바위를 깎아 새 무덤을 준비하는 것은 엄청난 비용이 들기에 부자들만이 행할 수 있는 사치였고, 대개 기존의 무덤을 재활용하는 사례가 많았다.[7]

아리마대 요셉이 반역자 혹은 정치범으로 기소된 사람의 시신을 달라는 것은 그 사람과 연루되었다는 것을 밝히는 것이기 때문에 빌라도에게 요구할 때 대단한 용기가 있어야 하는 일이었을 것이다. 대다수의 제자가 숨거나 자기의 원래 고향으로 돌아가는 절망적인 상황에서 드러나지는 않았지만 누가 참 제자였는지를 보여 준다.

또한, 갈릴리로부터 예수님과 동행했던 세 여인은 돌아가신 예수님의 시신에 바를 향품과 향유를 준비한다.

♥ 마음으로 읽는 본문

예수님의 공생애 동안 많은 제자가 있었지만, 십자가는 누가 그분의 진정한 제자가 되었는지를 분별해 낸다.

---

[7] R. T. 프랜스, 『누가복음』, 518.

예수님의 알려진 그 어떤 제자도 예수님의 죽음에는 슬픔과 공포와 절망으로 그곳에 없었으나, 주님의 십자가 지심에 대해 최초로 긍정적으로 반응한 이가 함께 달린 강도 중 하나였다는 사실을 아는가?

제자들은 예수님의 권능과 자기에게 돌아올 이익에 반응했지만, 그 강도는 가장 무력한 상태의 예수님에게서 무엇을 보았기에 주님이 자기를 구원할 이로 여겼을까?

예수님이 인정한 그의 믿음은 무엇이었을까?

그리고 반역자의 동료로 여겨져 죽임을 당할 위험을 감수한 아리마대 요셉 그리고 그보다 더 낮은 지위의 여인들은 무엇 때문에 주님을 끝까지 섬겼을까?

제24장

우리 마음을 뜨겁게 하시는 부활의 주님(눅 24장)

🔍 미리 보는 24장 메시지

- 복음의 진리성은 예수님의 부활을 통해 확증되었다. 그리고 부활 신앙은 그리스도인들과 다른 사람들을 구별 짓는다.
- 우리는 살아 있는 분을 죽은 자 가운데서 찾아서는 안 된다.
- 우리는 더디 믿으나 주님이 말씀을 풀어 주실 때 뜨거운 감동으로 주님을 알아보게 된다.
- 부활하신 주님은 의심하던 제자들을 만나 주시고 그분의 삶과 죽음과 부활의 증인으로 삼아 주시며, 복음 증거를 위해 위로부터 입혀지는 성령을 약속하신다.

❶ 복음의 진리성은 예수님의 부활을 통해 확증되었다. 그리고 부활 신앙은 그리스도인들과 다른 사람들을 구별 짓는다(24:1-12)

🍃 눈으로 읽는 본문

새로운 한 주가 시작된다. 예수님의 죽음으로 그 어느 때보다도 슬픈 안식일을 보냈을 제자들 앞에 생명이 다시 시작된다. 안식 후 첫날 새벽, 곧 예수님이 금요일 오후에 매장된 후 40여 시간이 채 되기도 전인 시점에 여인들이 예수님의 시신에 향유를 바르기 위해 예수님의 무덤을 찾았다.

물론, 이 여인들도 예수님의 부활 예언을 귀담아듣지도, 믿지도 않았다. 그러나 이 여인들의 본보기가 될 믿음이 드러난다. 예수님이 돌아가신 최악의 순간, 모든 소망이 사라진 시점에 여인들은 예수님을 향한 변함없는 도리를 다한다. 마지막 의무로서 예수님의 시신에 바를 향유를 준비했다. 곧바로 무덤으로 가길 원했을 수 있으나 일몰이 되었고 막 시작된 안식일이 발목을 잡았다. 안식일이 끝나기 전까지는 아무것도 할 수 없었다. 눈물을 삼키며 안식일이 끝나기만을 기다렸을 것이다.

우리의 주님을 향한 열심과 헌신도 그것을 중단시킬 만한 일들이 생겨나면 곧잘 희미해지는 경우가 있다. 남자 제자들은 슬픔과 두려움에 젖어 있는 동안에도 이 여인들은 무거운 발걸음을 옮긴다. 다른 복음서에 보면 무덤의 큰 돌을 누가 옮겨줄 것인지를 염려했다고 할 만큼 대책도 없었다(막 16:3). 이것저것 재지 않고 오직 예수님만을 생각했다는 뜻이다. 새벽이라는 시점이 의미심장하다. 새벽은 소망의 시간이기 때문이다.

여인들이 안식 후 첫날 새벽에 예수님이 묻혔던 무덤에 도착했을 때, 무덤을 가로막은 큰 돌이 굴려지고 예수님이 시신이 없는 것을 발견한다. 영문을 몰라 당황하며 두려워하고 있을 때, 문득 천사로 추정되는 찬란한 옷을 입은 사람들이 여인들에게 예수님의 부활을 선포한다.

> … 어찌하여 살아 있는 자를 죽은 자 가운데서 찾느냐 여기 계시지 않고 살아 나셨느니라 … (눅 24:5-6).

천사들의 권고대로 여인들은 예수님이 살아생전 인자의 죽음과 부활을 예언하셨던 것을 기억하고, 황급히 자리를 떠나 제자들에게 그 상황을 설명한다. 그러나 여인들의 말에 무게를 두지 않는 그 시대의 관행을 반영하듯, 제자들은 허튼소리로 간주하며 믿지 않았다. 베드로만 그 이야기를 듣고 예수님의 무덤으로 달려가 확인한 후 세마포만 놓인 것을 보고는 놀랍게 여기고 집으로 돌아갔다.

♥ 마음으로 읽는 본문

찬란한 옷을 입은 두 사람은 여인들에게 "어찌하여 살아 있는 자를 죽은 자 가운데서 찾느냐"라고 되물었다. 우리는 자신을 신실하다고 생각하지만, 하나님의 능력이 우리의 삶에 개입하실 일에 대해 큰 기대를 갖지 않는 경향이 있다. 우리는 상황이 악화될 대로 악화된 문제 안에서만 답을 찾아서는 안 된다. 그 모든 문제 너머에 주님이 살아계신다.

세상은 부패하고 무력하여지나 무덤도 시신도 예수님을 붙잡지 못한다. 사도들은 허탄한 듯 믿지 못했다. 자기의 경험치를 넘어서는 사건에 응답하지 못한 것이다. 하지만, 하나님은 수치와 절망의 현장에서 생명을 일으키신다.

주님을 여전히 절망과 패배와 죽음의 공간 안에서 찾고 있지는 않는가?

주님은 거기 계시지 않고 살아나셨으며, 우리의 삶도 주님 안에서 새롭게 소생하고 있음을 기대하고 믿는가?

❷ 우리는 더디 믿으나 주님이 깨우쳐 주실 때 뜨거운 감동으로 주님을 알아보게 된다(24:13-35)

🌿 눈으로 읽는 본문

예수님의 죽음에 실망을 안고 아마도 고향인 엠마오로 가는 두 제자가 있었다. 그들은 예수가 큰 선지자인 것은 인정했지만, 죽었기 때문에 이스라엘을 속량할 메시아는 아닌 것으로 최종 판단했다. 여인들이 예수님의 빈 무덤과 천사들의 이야기를 전해 주었지만, 그들은 여전히 믿지 못했다. 슬픈 기색으로 좌절감 속에 자기 마을로 가던 그들은 예수님을 만났으나 알아보지 못했다.

예수님은 성경의 약속에 대해 말씀하시고 그들의 더딘 믿음을 꾸짖으신 후, 그들의 눈을 열어 예수님의 고난은 예수님의 사역 속에서 끊임없이 예언되었던 것임을 깨닫게 하신다.

그들이 예수님을 식사 자리에 초대했을 때, 예수님과 식사 교제를 나누는 가운데 마침내 부활하신 주님이 함께 계셨던 그분이었음을 깨달은 두 제자는 서로에게 말했다.

'우리 마음속이 뜨겁지 않더냐?'

주님의 부활을 비로소 인정하고 다른 제자들에게 예루살렘으로 돌아가 그 소식을 알리고자 한다. 남아 있던 열한 제자에게 놀라운 소식이 들려왔는데, 시몬 베드로가 부활하신 주님을 만나 뵈었다는 소식을 전한 것이다. 엠마오의 두 제자도 자기들이 경험한 것을 함께 나눈다.

제24장 우리 마음을 뜨겁게 하시는 부활의 주님(눅 24장)

♥ 마음으로 읽는 본문

예루살렘을 떠나 엠마오로 간다는 것은 예수님을 따르는 공동체에 균열이 생겼다는 것을 의미한다. 여인들이 예수님의 부활 소식을 전해 주었음에도 여전히 믿지 못하고, 예수공동체를 떠난 것이다. 그러나 예수님은 그들과 동행하시면서 그들이 다시 예수님과 하나님의 뜻을 발견하도록 도우신다.

엠마오로 떠나던 두 제자는 눈이 가리워져 예수님을 알아보지 못했으나 예수님은 모세와 모든 선지자의 글이 어떻게 예수님을 가리켜 설명해 주시며 함께 식사를 나눌 때, 비로소 그들의 눈이 열려 예수님을 알아보았고 그들은 예루살렘으로 복귀한다.

이 사건은 두 가지 가르침을 제공한다.

첫째, 우리가 길을 잃을 때, 예수님은 동행하시며 우리를 다시 사명으로 복귀시켜 주신다.

둘째, 우리의 어두운 눈을 밝게 보게 하셔서 사명을 다시 바라보게 하신다.

우리의 걸음이 주로부터 멀어지고, 그분이 시야에서 사라지지는 않았는가?

주님이 우리와 동행해 주시고 우리의 영안을 열어 보게 해 주시라고 간구할 시점이다.

3 부활하신 주님은 의심하던 제자들을 만나 주시고 그분의 삶과 죽음과 부활의 증인으로 삼아 주시며, 복음 증거를 위해 위로부터 입혀지는 성령을 약속하신다(24:36-53)

눈으로 읽는 본문

이 단락의 이야기로 누가복음은 마무리된다. 부활하신 주님이 직접적으로 제자들 앞에 나타나셔서 더 이상 예수님의 부활을 의심할 수 없게 만드신 것이다. 부활하신 주님은 제자들에게 자기 몸을 만져 보라고 하시면서 부활이 육체적으로도 일어났음을 증명하셨다.

그리고 몸을 입으셨다는 것을 구운 생선 한 토막을 드심으로 한 번 더 확인시켜 주셨다. 하지만, 물리적 증거가 다가 아니다. 예수님은 그들의 마음을 열어 성경을 깨닫게 하심으로 진정한 믿음으로 이끄셨다(45절).

제자들은 예수님의 부활을 통해서 하나님은 여전히 일하고 계시며 예수님을 신원해 주심으로 예수님의 모든 가르침이 참이며, 사망을 물리치는 생명과 직결됨을 깨닫게 된다. 인간의 사형 선고를 하나님은 무위로 돌리시며, 인간의 최종 한계인 죽음마저 예수님은 이기셨다. 죽음은 끝이 아니며 사람은 자기 한계를 넘어 하나님과 영원한 관계를 맺을 수 있게 되었다.

바울은 예수님 부활의 의미를 다음과 같이 설명한다.

> 만일 죽은 자의 부활이 없으면 그리스도도 다시 살아나지 못하셨으리라 그리스도께서 만일 다시 살아나지 못하셨으면 우리가 전파하는 것도 헛것이요 또 너희 믿음도 헛것이며 또 우리가 하나님의 거짓 증인으로 발견되리니 우리가 하나님이 그리스도를 다시 살리셨다고 증언하였음이라 만일 죽은 자가 다시 살아나는 일이 없으면 하나님이 그리스도를 다시 살리지 아니하셨으리라 만

> 일 죽은 자가 다시 살아나는 일이 없으면 그리스도도 다시 살아나신 일이 없었을 터이요 그리스도께서 다시 살아나신 일이 없으면 너희의 믿음도 헛되고 너희가 여전히 죄 가운데 있을 것이요 또한 그리스도 안에서 잠자는 자도 망하였으리니 만일 그리스도 안에서 우리가 바라는 것이 다만 이 세상의 삶뿐이면 모든 사람 가운데 우리가 더욱 불쌍한 자이리라 그러나 이제 그리스도께서 죽은 자 가운데서 다시 살아나사 잠자는 자들의 첫 열매가 되셨도다 (고전 15:13-20).

이제 부활하신 예수님은 제자들에게 예루살렘에서 하나님 아버지께서 약속하신 성령을 기다리라고 명령하신다. 그들은 성령의 능력으로 제자들은 온 천하에 다니며 하나님 나라에 대한 복음을 전파하게 될 것이다. 부활하신 예수님은 제자들을 축복하시고 승천하셨으며, 제자들은 경배와 찬양과 기쁨으로 반응했다.

그러나 누가복음의 증거는 끝이 아니다. 사도행전을 통해 더 큰 범위로 열리게 된다.

> 오직 성령이 너희에게 임하시면 너희가 권능을 받고 예루살렘과 온 유대와 사마리아와 땅끝까지 이르러 내 증인이 되리라 하시니라(행 1:8).

그리고 사도행전의 기록은 이 순서대로 전개된다.

♥ 마음으로 읽는 본문

부활의 확실성은 여러 가지 면에서 설명되지만, 부인할 수 없는 것은 1세기 유대 사회에서 여인들은 믿을만한 증인으로 간주하지 않았음에도 복음서들이 한결같이 부활의 첫 증인으로 기술하고 있는 사실과 사도행전의 이야기이지만, 문을 걸어 잠그고 두려움에 떨던 제자들이 겁쟁이에서 목숨을 건 담대한 증인으로 급격히 변모된 이 상황이다.[1]

누가는 하나님의 말씀으로 변화된 삶을 산 많은 증인을 보여 주었다. 이 책의 토론 제목 가운데 하나는 종말과 부활이 오늘 내 삶에 미치는 영향이었다. 우리 스스로에게 물어보자. 예수님의 승천은 하나님의 정하신 카이로스의 때에 그리스도의 재림과 세상의 종말로 귀결될 것이다.

부활과 주님의 재림은 내 삶의 영역에서 어떤 영향을 미치고 있는가?
막연히 먼 미래 시점의 사건으로 여겨져 예수님의 재림이 우리의 시야에서 사라지지는 않는가?
복음이, 부활이, 종말이 당신의 삶을 변화시킨 부분에 대해 질문받는다면 무엇이라고 답하겠는가?

제자들이 보여 준 부활에 대한 불신과 회의는 그들이 애초에 예수님의 부활 말씀을 믿거나 기대하지 않았음을 보여 준다. 그러나 주님은 그러한 불신에 빠진 제자들을 기다려 주시고 한 걸음 한 걸음 인도하셔서 기어이 믿게 하신다.

우리가 믿게 된 경위도 별반 다르지 않다. 모든 것이 은혜다. 최근 많은 사랑을 받고 있는 〈은혜〉라는 복음성가에 보면 우리가 당연하게 여긴 모든 것이 다 은혜였다는 고백이 나온다. 누가복음을 마무리하면서 우리는 모든 것이 다 은혜임을 다시 한번 고백하자.

---

1   R. T. 프랜스, 『누가복음』, 523.